ZOLLVEREIN

Welterbe · World Heritage Site

Von der Kohle zur Kultur · From Coal to Culture

INHALT / CONTENTS

Herausgeber: Verleger Norbert Beleke
und Stiftung Zollverein

Konzeption und Text: Wulf Mämpel, Liliane Zuuring
Kurzchronik: Stiftung Zollverein
Fotos: Frank Vinken
S.13: Thomas Willemsen/Bilddatenbank Zollverein; S. 15, 17: Zeche Zollverein e.V.; S. 21: Corneel Voigt;
Nachsatz: FIRSTDESIGN/Stiftung Zollverein
Übersetzung: fast forward
Lektorat und Projektleitung: Thomas Sliepen
Grafische Gestaltung und Gesamtherstellung: Verlagsgruppe Beleke

Verlagsgruppe: Verlag Beleke GmbH, Essen, Dortmund, Lübeck,Wiesbaden
NOBEL-Verlag GmbH, Essen – DAS RATHAUS Verlagsges. mbH, Essen
SCHMIDT-RÖMHILD - Deutschlands ältestes Verlags- und Druckhaus seit 1579 -
Lübeck, Berlin, Essen, Wiesbaden
HANSISCHES VERLAGSKONTOR GmbH, Lübeck
SCHMIDT-RÖMHILD Verlagsgesellschaft mbH Leipzig, Rostock, Schwerin
ELVIKOM Film-Verlag GmbH, Essen – ntv neue television FILM-TV-PRODUKTION GmbH, Essen
Verlag Wendler GmbH, Aachen
Internet: http//www.beleke.de

ISBN 978-3-8215-0569-5

ZOLLVEREIN

Welterbe · World Heritage Site

Von der Kohle zur Kultur · From Coal to Culture

Wulf Mämpel · Liliane Zuuring · Frank Vinken

Verlag Beleke GmbH

DAS ERBE

Burgen und Kathedralen prägen seit Jahrhunderten die Landschaft des Abendlandes. Sie waren der Stolz ihrer Burgherren, der Ritter, Grafen, Herzöge und Kirchenfürsten. Sie sind äußere Zeichen eines großen Erbes. Für die „Ruhrbarone", so wurden die Zechenherren im 19. Jahrhundert voller Respekt genannt, waren die „neuen Burgen" die Kathedralen des Industriezeitalters. Hier wurde geschuftet, gefördert, hier wurde der Ruf der Kumpel begründet. Harte, schwarze Männer mit Muskeln wie aus Stahl. Sie standen für die alte Kumpelherrlichkeit, wurden bewundert und bis heute verehrt. „Glückauf!" –

THE LEGACY

For centuries, the landscape of the western world has been defined by castles and cathedrals. As well as being the pride of their lords, knights, counts, dukes and church dignitaries, these edifices remain the outward manifestation of a vast legacy. For the Ruhr barons, as the colliery owners were respectfully known in the 19th century, their 'new fortresses' were the cathedrals of the industrial era. This is where the reputation of the miners – tough, black-faced men with muscles like steel – was forged on a foundation of hard work in the pits. The embodiment of old-world camaraderie, the miners were ad-

Das Fördergerüst von Zollverein ist weithin sichtbar.

The Zollverein headframe dominates the landscape.

ihr Ruf verhieß Erfolg, Wohlstand, gute Löhne. Die Zeche war Arbeitsplatz, Heimat für Menschen und Maloche, Wohnumfeld. Im Schatten der Fördertürme gedieh eine unverwechselbare Bergmannskultur. Die Zeche war ein Teil der Bevölkerung geworden. Heute ist sie das Symbol für den Wandel der Metropole Ruhr!

Heute sind die Schachtanlagen, deren Räder sich im Ruhrgebiet nicht mehr drehen, stolze Reliquien einer Hochblüte an der Ruhr, faszinierende Erbstücke eines goldenen Zeitalters, als das „schwarze Gold" die erfolgreiche Liaison mit dem Stahl einging – eine Verbindung, die auf Zollverein 135 Jahre bestand, die heute noch Staunen macht. Die Zeche Zollverein ist ein Leuchtturm aus dieser Zeit. Sie ist aber auch ein Geschenk für die Region, weil eine riesige von der Montanindustrie geprägte Location ins heutige Leben zurückgeholt worden ist. Dafür gab es keine Vorbilder!

Die „neue Zeche", die 1932 rund um den Schacht XII in Betrieb ging, als das alte Bergwerk marode wurde, war ein Beispiel für moderne Industrie-Architektur zwischen den beiden Weltkriegen des 20. Jahrhunderts. Damals staunend betrieben von fleißigen Kumpeln, als technisches Wunderwerk gerühmt, als Maschine für die Förderung der Kohle und die Herstellung von Koks gepriesen, schließlich abgeschrieben, stillgelegt, aufgegeben. Die Lichter der „unterirdischen Stadt" gingen aus und hinterließen neben vielen Erinnerungen ein 120 Kilometer langes Streckennetz, das bis 1200 Meter tief in die Erde reichte. Das Schwarze Gold

Das Fördergerüst von Zollverein Schacht XII ist eine so genannte Doppelbock-Konstruktion und das Wahrzeichen von Zollverein.

The headframe with its twin pithead gear construction is the symbol of Zollverein shaft XII.

Großzügig ist die Architektur mit den faszinierenden Sichtachsen. Zu sehen ist hier das design museum.

The generously conceived architecture of the design museum affords fascinating views.

wurde als unerreichbar, als unrentabel der Natur überlassen. . .

Aber Totgesagte leben länger. Sie überleben sogar: Wie ein Phönix aus der Asche wurde Zollverein wieder belebt. Der Pütt wurde gerettet, mit mehreren Hundert Millionen Euro saniert und restauriert und schließlich in die Liste des Welterbes der Menschheit aufgenommen. Als Beispiel, als Signum, und als „Wunder des Wandels an der Ruhr“ mit neuem Leben versehen. Kein Museum. Sondern ein leuchtendes Beispiel für den Strukturwandel an der Ruhr.

mired then and venerated today. The traditional cry of 'Glückauf!' resonated with success, prosperity and a good wage. The colliery was not just a workplace, it was also home to a hard-working community. An unmistakable miners' culture flourished in the shadow of the mineshafts as the pits became inextricably linked with the local community. Today, this former colliery symbolises the transformation of the Ruhr metropolis: the pits of the Ruhr district, where the wheels no longer turn, stand as proud reminders of the region's heyday. These haunting heirlooms echo a golden age when 'black gold' successfully fuelled steel production – a marriage that lasted 135 years at Zollverein and which remains a source of wonder. The Zollverein pit is a beacon from those days, but also a gift to the region now that the site – indelibly associated with the mining industry – has found a new lease of life in completely unprecedented fashion.

The 'new colliery', which commenced operations with shaft XII as a base in 1932 after the old pit had served its purpose, exemplified modern industrial architecture between the World Wars of the 20th century. At the time, it was operated by hard-working miners, who were in awe of this technical marvel, which was acclaimed as a perfect mechanism for extracting coal and producing coke. Decades later, the shaft was written off, decommissioned and forsaken. The lights went out on the subterranean city, leaving behind a wealth of memories and a 120-kilometre rail network reaching as deep as 1,200 metres into the earth. Black gold, given up as unobtainable and uneconomical, was abandoned to nature ...

Thankfully, the condemned live longer – and Zollverein will outlive us all. Like a phoenix rising from the ashes, the colliery site came back to life: the pit was rescued, restored and redeveloped at a cost of

Auftaktparty für das Festival „Essens Kreative Klasse" im Besucherzentrum des Ruhr Museums.

Launch party for the "Essens Kreative Klasse" festival at the visitors' centre of the Ruhr Museum.

Zollverein heute: Erbe und Keimzelle der Kreativität von morgen. Das Stichwort lautet: Design und Artverwandtes. Inzwischen sind auf dem riesigen Gelände über 1000 Arbeitsplätze entstanden. Jährlich besuchen fast eine Million Touristen das Erbe der Menschheit. Sie sind neugierig, wollen ergründen, erfahren wie es war, als sich die Förderbänder schüttelten, als sich die Räder drehten und Förderkörbe die Kohle aus der Tiefe ans Tageslicht holten. Sie wollen sehen, was aus Zollverein inzwischen geworden ist. Und wieder staunen sie, wenn sie erfahren, was an diesem Platz entstanden ist und weiter entstehen wird. Das Erbe als Beispiel für andere Regionen in Europa. Für den Beweis, dass Strukturwandel möglich ist, wenn die Bürger es wollen. Wenn sie nicht aus jeder Krise sofort eine Katastrophe ma-

several hundred million euro, and finally found itself listed as a World Heritage site. The second life granted to Zollverein came to exemplify and symbolise the miraculous transformation of the Ruhr. This was no museum, this was a shining example of the structural change taking place in the Ruhr district.

Today, the contribution of Zollverein is to forge the creativity of tomorrow through design and similar disciplines. More than a thousand jobs have been created on the huge site. Every year, almost a million tourists come to see the colliery's legacy to the world: all are keen to understand and feel what it must have been like when the conveyor belts rattled, the wheels turned and the cages hauled coal to the surface from the depths of the earth. Those who visit also come to witness the

chen, sondern kreativ ans Werk gehen. Wie damals.

Zollverein heute: Das ist eine Kathedrale der Industriegeschichte Europas. Aus roten Ziegeln, schwarzen Eisenverstrebungen und grünem Rasen. Neue Sachlichkeit im Look eines königlichen Hofgartens, Mekka für Menschen aus nah und fern, Arbeitsplatz für junge Kreative, Place of Events, Designstandort. Nach Abschluss aller Arbeiten, Sanierungen und Umbauten haben EU, Bund, Land und Stadt über 300 Millionen Euro in das „Erbe der Menschheit" investiert und – so hoffen die Planer – eines Tages über 2000 neue Arbeitsplätze im Umfeld der Design Wirtschaft geschaffen.

Am Anfang war die Tristesse: Als das Ende im Schacht eingeläutet wurde, herrschte Trauer über den nördlichen Essener Stadtteilen Katernberg, Schonnebeck und Stoppenberg. 1986 ging eine Ära zu Ende: Essens letzte Zeche machte dicht. Ade, alte Kumpelherrlichkeit. Ade, Mutterklötzken und Bergmannsstolz. Schwarze Fahnen wehten vor dem Zechentor, die Männer vom Pütt hatten keine Perspektive für ihre Frauen und Kinder. Wut machte sich breit, Hoffnungslosigkeit. Es war eine Talfahrt in die Arbeitslosigkeit.

Die legendäre Essener Bergbaugeschichte – in ihrer Blütezeit gehörte die Ruhrmetropole zur größten Bergbau- und Stahlstadt Europas – war zu Ende. 1993 folgte die Schließung der Kokerei, eine Batterie von fast 1000 Metern Länge, als Reaktion auf die Stahlkrise. Was war zu tun?

Zollverein ist etwas Besonderes, damals wie heute. Das erkannte eine Handvoll Patrioten, die sich spontan nach kontroversen Diskussionen über einen Abriss der Schachtanlage formierten. Ein zähes Ringen begann, bis endlich die Vernunft siegte. Mit der Aufnahme Zollvereins in

transformation of Zollverein – and more surprises are in store when they discover what has been created on the site, and what is planned for the future. The legacy of Zollverein also shows the way for similar regions in Europe: it proves that structural change is possible provided people support the idea and approach the situation creatively, rather than turning a crisis into a catastrophe. Just like they did in the old days.

Today, if Zollverein is a cathedral sacred to the industrial history of Europe, it is one comprising red bricks, black iron struts and green lawns: New Objectivity style meets a royal court garden in a Mecca for people from near and far, a workplace for creative young talent, a venue for events and a centre of design. When all of the spadework, restoration and conversion has been completed, the EU, the German government, the federal state and the city will have invested over € 300 million in this 'heritage of humanity'. Planners hope eventually to create more than 2,000 new jobs for the design sector.

The story started on a sad note: when the closure of the mineshaft was announced, the north Essen districts of Katernberg, Schonnebeck and Stoppenberg went into mourning. The end of an era came in 1986 when the last coalmine in the city was sealed. Farewell to the camaraderie of old; farewell to using mine props as kindling; farewell to the proud miners. As the black flags fluttered outside the colliery gate, the wives and children of the pitmen faced an uncertain future. Anger and hopelessness reigned as the spectre of unemployment rose.

Essen's celebrated history, which at its height had made the Ruhr town one of the largest mining and steelmaking cities of Europe, was over. As the steel crisis bit deeper, the coking plant, with its almost

die Welterbeliste am 14. Dezember 2001 und der Enthüllung der Welterbe-Plakette am 31. August 2002 wurde die Einmaligkeit besiegelt.

Durch die Erweiterung der Industrieanlage 1932 um den Schacht XII avancierte Zollverein mit einer täglichen Kohlefördermenge von 12000 Tonnen zur weltweit ertragreichsten Zeche. Fritz Schupp und Martin Kremmer setzten mit ihrer Architektur neue Maßstäbe für den Bau von Industrieanlagen. Die Anordnung der Gebäude, eine Konstruktion aus Stahlrahmenfachwerk mit roten Backsteinen, wurde nach den Funktionsabläufen ausgerichtet, streng axial angeordnet und über Bandbrücken mit einander verbun-

1,000-metre battery, was shut down in 1993. What would the city do now?

Zollverein has always been something special, though, a fact recognised by a small group of faithful souls who came together in the wake of controversial talks on demolishing the pit. A hard-fought struggle began, but in the end common sense prevailed: the uniqueness of Zollverein was confirmed with its inclusion on the list of World Heritage sites on 14st December 2001 and the unveiling of the World Heritage plaque on 31st August 2002.

The expansion of the industrial site that came with the opening of shaft XII in 1932

Die „ExtraSchicht“ zieht Besucher auch von weither an.

"ExtraSchicht" attracts visitors from far and wide.

den. Schon damals galt Schacht XII mit seinem die Zechenmauern überragenden Doppelfördergerüst als die „schönste Zeche der Welt“ und war beispielgebend für die Industriearchitektur dieser Zeit. Von 1957 bis 1961 wurde die Kokerei ebenfalls nach den Plänen der beiden Architekten errichtet. Über Bandbrücken ist sie mit den Funktionsabläufen des Schachtes unmittelbar verbunden und symmetrisch danach ausgerichtet. Seinerzeit galt sie als die größte Kokerei Europas. Die Beispielhaftigkeit der Anlage in ihrem funktionalen Gesamtzusammenhang, ihre bauliche Mustergültigkeit in einer entscheidenden Phase der Entwicklung der Montanindustrie in Deutschland und ihre Leistungsfähigkeit überzeugte schließlich das Welterbe-Komitee der UNESCO.

Die Zeche wurde nach ihrer Stilllegung nicht dem Verfall preisgegeben, sondern vom Land NRW aufgekauft. Die Zukunft Zollvereins geht maßgeblich auf die Internationale Bauausstellung Emscher Park (IBA) zurück, die zehn Jahre aktiv war und einen Identitäts- und Bewusstseinswandel im Ruhrgebiet einleitete. Motto: Hände weg von den Domen des Industriezeitalters! Der Weg für alternative Nutzungen (auch in anderen Städten der Metropolregion) war geebnet.

Der architektonische Anspruch, den Schupp und Kremmer in ihren Bauten verwirklichten, legte von Anfang an eine Umnutzung Zollvereins als Ort für Design, Kunst und Kultur – für die Kreativwirtschaft – nahe. Aus diesen Branchen haben sich bereits die ersten Firmen und Institutionen angesiedelt, denn Zollverein soll kein Museum werden. Beispiele: Das NRW-Design-Zentrum, das Lord Norman Foster im ehemaligen Kesselhaus einrichtete, das choreographische Zentrum PACT, der Kunstschacht Zollverein, die keramische Werkstatt, das einzigartige Casino Zollverein, Ateliers, Gestaltungs-

made Zollverein the world's highest producing coalmine, extracting 12,000 tons per day – and the architectural designs of Fritz Schupp and Martin Kremmer set new standards. With its steel trusses and red bricks, the strictly axial layout took account of functional processes and made use of connecting conveyor bridges. Even at the time, the twin pithead gear towering above the colliery walls led to shaft XII being lauded as the world's most beautiful coalmine; the construction epitomised the industrial architecture of the age. The same architects subsequently designed the coking plant, which was built between 1957 and 1961. The coking plant – the largest in Europe when completed – was linked directly into the functional processes of the shaft by means of conveyor bridges; its symmetrical lines also reflected the shaft design. The superb functional integration of the plant, the pre-eminence of its construction at a critical stage of development for the mining industry in Germany and its outstanding performance ultimately impressed the UNESCO World Heritage Committee.

After its closure, the colliery was not allowed to fall into decay; instead, it was bought up by the state of North Rhine-Westfalia. To a large extent, Zollverein owes its future to the IBA (International Exhibition of Architecture Emscher Park). During the ten years of its existence, the IBA brought about a revolution in the identity and perception of the Ruhr district. The organisation believed that the 'cathedrals' of the industrial age should be left intact, opening up the prospect of alterna-

Vor Jahren verirrten sich nur wenige Fans und Fotografen nach Zollverein: Heute ist der Anblick von fotografierenden Touristen Alltag.

Up to some years ago only few visitors and photographers came to Zollverein – today they are very much part of the picture.

SONY
Canon
Canon
ONE POLAR

büros und Agenturen. Das Ziel: Zollverein soll wieder zum tragfähigen Wirtschaftsstandort werden.

Die städtebauliche Leitlinie ist der Masterplan des international renommierten Architekten Rem Koolhaas aus den Niederlanden, der aus vier Bausteinen besteht: 2006 wurde am Eingang zu Schacht 1/2/8 der 35 Meter hohe Kubus des SANAA-Gebäudes nach dem Entwurf des japanischen Architekturbüros SANAA realisiert. Hier handelt es sich um eine internationale Lehr- und Forschungseinrichtung, die Design als strategisches Element in Management-Prozesse integrieren wird.

Der Umbau der Kohlenwäsche ist abgeschlossen. In diesem riesigen Gebäude ist das Besucherzentrum Ruhr über eine gläserne Gangway in 24 Metern Höhe erreichbar. Das zentrale Ruhr Museum erörtert ab 2010 die Industrie-, Kultur- und Naturgeschichte des Ruhrgebietes, deren Vergangenheit, Gegenwart und Zukunft.

Ruhr Museum

tive utilisation – both in Essen and other cities across the Ruhr area.

From the start, the architectural aspirations embodied in the buildings of Schupp and Kremmer lent themselves to conversion of Zollverein into a centre of design, art and culture: a base for the creative economy. Companies and institutions from these sectors have now started to move to the site, ensuring Zollverein will not become a museum. Examples include the Design Zentrum NRW (installed by Lord Norman Foster in the former boiler house), the PACT performing arts centre, Zollverein 'art pit', the ceramic workshop, the exclusive Casino Zollverein restaurant, artists' studios, design offices and agencies. The objective is to make Zollverein a viable economic space once more.

The urban planning vision is based on a four-module master plan devised by internationally renowned Dutch architect Rem Koolhaas. In 2006, the 35-metre cube of the SANAA Building was established at the entrance to shaft 1/2/8 in accordance with the blueprint of Japanese architectural office SANAA. The School is an international research and educational institute that incorporates design as a strategic element in management processes.

Renovation of the coal washery is also complete. Inside this huge building, the visitors' centre Ruhr is accessed via a 24-metre-high glass passage. Meanwhile the central Ruhr Museum, which opened in 2010, charts the industrial, cultural and natural past, present and future of the Ruhr district.

STIFTUNG ZOLLVEREIN: VIER BEREICHE HABEN EIN ZIEL

Sechs Jahre nachdem der ehemalige Industriekomplex Zeche und Kokerei Zollverein offiziell von der UNESCO als Welterbestätte der Menschheit ausgezeichnet wurde, tritt die Entwicklung des Kultur- und Wirtschaftsstandortes Zollverein in eine neue Etappe ein. Nach der Neuorganisation der Stiftung Zollverein im Dezember 2007 führt der vierköpfige Vorstand die Geschäfte der Stiftung Zollverein, die in vier Bereiche aufgeteilt sind. Am 31. Au-

ZOLLVEREIN FOUNDATION: FOUR OPERATING AREAS WITH A SINGLE GOAL

Six years after the former Zollverein colliery and cokery industrial complex was officially recognised by UNESCO as a world heritage site, the Zollverein Culture and Business centre is now entering a new stage of its development. The Zollverein Foundation was reorganised in December 2007, and a four-strong board now manages the Foundation's business, which is divided into four operating areas. 31 August 2008 was the sixth anniversary of

Vorstand der Stiftung Zollverein: (v.l.) Roland Weiss, Jolanta Nölle, Hermann Marth, Prof. Dr. Ulrich Borsdorf.

Executive Board of Stiftung Zollverein: (from the left) Roland Weiss, Jolanta Nölle, Hermann Marth, Prof. Dr. Ulrich Borsdorf.

gust 2008 jährte sich die offizielle Übergabe der Welterbeplakette durch die UNESCO zum sechsten Mal. Der Großteil der im August 2002 geplanten Großprojekte ist mittlerweile realisiert worden. Die organisatorischen Grundlagen für eine gebündelte Leitung des Gesamtstandortes sind mit der Neuorganisation der Stiftung Zollverein geschaffen. Nach der Bestellung des Stiftungsrates, des vierköpfigen Vorstandes, der Gründung der unselbstständigen Stiftung Ruhr Museum und ihre Integration in die Stiftung Zollverein sind nun die vier Geschäftsbereiche definiert.

Der Geschäftsbereich I, geleitet von Hermann Marth, der gleichzeitig Vorstandsvorsitzender der neuen Stiftung ist, vereint die strategische Ausrichtung, Finanzen, Personalwesen und das Marketing der Stiftung Zollverein.

Im Geschäftsbereich II werden, unter der Leitung von Jolanta Nölle, die künstlerische und kulturelle Ausrichtung und Bespielung des Welterbes sowie der Besucherbetrieb und die touristische Angebotsgestaltung koordiniert.

Der Geschäftsbereich III, für den Roland Weiss verantwortlich ist, hat die Aufgaben der Vermietung und Verpachtung von Hallen inne und umfasst die Planung und Durchführung der Bautätigkeiten sowie die Standortentwicklung zum Zentrum der Kreativwirtschaft.

Das Ruhr Museum mit seinen Aufgabenbereichen Dauerausstellung, Sonderausstellungen, Sammlung, Vermittlung und Betrieb wird von Prof. Dr. Ulrich Borsdorf geleitet und bildet den Geschäftsbereich IV.

Service: Um die zunehmenden Anfragen durch Geschäftskunden und Touristen besser und effektiver bearbeiten zu können, richtet die Stiftung eine zentrale Hotline ein. Alle Anfragen von A wie Anfahrt

the day on which the UNESCO world heritage plaque was awarded. Most of the major projects planned in August 2002 have now been completed, and the organisational foundations for the consolidated management of the entire site have been laid through this restructuring of the Foundation. Following the appointment of the Zollverein Foundation Council, a Management Board made up of four persons, the formation of the Ruhr Museum as a dependent foundation and its integration into the Zollverein Foundation, four operational areas have now been established.

Operational area I, led by Hermann Marth, who is also Chairman of the new foundation, brings together the strategic focus, finances, human resources and marketing of the Zollverein Foundation.

Operating area II is headed by Jolanta Nölle, who coordinates artistic and cultural activities and the use of the world heritage site as well as visitor operations, the preparation of tourist events and facilities.

Operating area III is under the charge of Roland Weiss and covers the letting of halls, the planning and execution of building work and the development of the site as a creative business centre.

The Ruhr Museum, which is responsible for permanent and temporary exhibitions, collections, knowledge transfer and operation, is led by Prof. Dr. Ulrich Borsdorf and constitutes Operating area IV.

Service: The Foundation is setting up a central hotline to deal better and more efficiently with the increasing number of enquiries from business customers and tourists. Whether they involve instructions on how to get to Zollverein, colliery tours, companies, institutes, services, events on the entire site, reservations and tour bookings, halls and premises for events or investor projects, all such queries are now

bis Z wie Zechenführung, nach Firmen, Institutionen, Dienstleistungen und Veranstaltungen auf dem Gesamtstandort, nach Reservierungen und Buchungen von Führungen, nach Hallen und Räumen für Veranstaltungen und nach Investorenprojekten werden zentral beantwortet bzw. zielgerichtet an den jeweiligen Ansprechpartner weitergeleitet. Über einen professionellen Dienstleister, der über umfassend geschulte Telefonkräfte verfügt, wird eine verlängerte telefonische Verfügbarkeit des Welterbes Zollverein erreicht.

Die Hotline ist täglich von 8.00 bis 20.00 Uhr unter der Telefonnummer 0201 / 24 68 10 erreichbar.

handled centrally or passed on to the relevant contact. The Foundation has engaged a professional business support services with specially trained telephone staff, so that it can provide telephone access to the Zollverein world heritage site over an extended period each day.

The hotline is open every day from 8 a.m. to 8 p.m. on 0201 / 24 68 10.

Abteufarbeiten für einen Blindschacht von der 13. zur 14. Sohle, etwa um 1970.

Sinking operations on a staple pit leading from the 13th to the 14th level, c.1970.

KURZCHRONIK

Pioniergeist_1851
Zollverein Schacht 1/2, eine der ersten Tiefbauzechen, beginnt mit der Kohleförderung.

Avantgarde_1932
Zollverein Schacht XII, die schönste und leistungsstärkste Schachtanlage der Welt, nimmt den Betrieb auf.

Neue Dimensionen_1962
Die neue Kokerei Zollverein, die größte Zentralkokerei Europas, wird in Betrieb genommen.

Neubesinnung
1986 – Zollverein Schacht XII wird mit der Stilllegung unter Denkmalschutz gestellt. Als herausragendes Zeugnis der Architektur- und Technikgeschichte erkannt, stellt die Internationale Bauausstellung Emscher Park zwischen 1989 und 1999 die Weichen für den Neubeginn. Zollverein Schacht XII wird schrittweise saniert und zu einem Zentrum für Kunst und Kultur ausgebaut.

Visionen
1998 – die Stiftung Zollverein wird zur dauerhaften Realisierung dieser Ziele auf Zollverein Schacht XII gegründet. Die Kokerei Zollverein wird Eigentum der Stiftung Industriedenkmalpflege und Geschichtskultur. Ein Jahr später lockt die Ausstellung „Sonne, Mond und Sterne" 200 000 Besucher auf die Kokerei Zollverein. Durch die Route der Industriekultur wird die Region nun erstmals touristisch erschlossen.

Strukturwandel
Ab 2002 – der städtebauliche Ausbau des Welterbegeländes erfolgt auf der Grundlage des Masterplanes von Rem Koolhaas. Die Entwicklungsgesellschaft Zollverein realisiert mit dem Umbau der Kohlenwäsche für das Ruhr Museum, dem Neubau des SANAA-Gebäudes, der

SHORT CHRONICLE

Pioneering spirit_1851
Shaft 1/2 at the Zollverein colliery, one of the earliest deep mining pits, starts extracting coal.

Avant-garde_1932
Shaft XII at Zollverein – the most beautiful and productive colliery in the world – commences operations.

New dimensions_1962
The new Zollverein coking plant – the largest central coking plant in Europe – goes into operation.

Turning point
In 1986, shaft XII at Zollverein is decommissioned and placed under a preservation order. Recognising the structure as an outstanding testament to architectural and technological development, the IBA (International Exhibition of Architecture Emscher Park) draws up plans to give the site a new lease of life. Between 1989 and 1999, shaft XII is gradually refurbished and transformed into a centre of art and culture.

Visions
Founded in 1998 at shaft XII, the Zollverein Foundation is charged with the long-term aim of achieving the site's redevelopment. The coking plant comes under the ownership of the Stiftung Industriedenkmalpflege und Geschichtskultur (Foundation for the Preservation of Industrial Monuments and Cultural History). Within a year, the 'Sonne, Mond und Sterne' exhibition ('sun, moon and stars') has drawn 200,000 visitors to the former coking plant. For the first time, the region is attracting tourists thanks to the Industrial Heritage Trail.

Structural change
From 2002 onwards, the urban development master plan drawn up by Rem Koolhaas provides the blueprint for transfor-

Prüfung auf Grubengas (Ableuchten) vor Aufnahme der Arbeit, ca. 1910.

Methane test before starting work (c.1910).

designstadt n°1 und dem Zollverein Park wegweisende Projekte.

Welterbe

Im Dezember 2001 werden die Schachtanlagen XII und 1/2/8 sowie die Kokerei Zollverein zum Erbe der Menschheit ernannt. Die UNESCO würdigt besonders die architektonischen und ingenieurtechnischen Leistungen der Schachtanlage XII.

Kultur- und Wirtschaftsstandort

2008 steht die Entwicklung des Geländes von Zollverein Schacht XII vor dem Abschluss. 2009 geht die Entwicklung mit der Kokerei Zollverein und der designstadt zollverein in eine neue Etappe. Bereits heute ist Zollverein ein Standort der Kreativwirtschaft, das Gelände beherbergt zahlreiche Unternehmen mit insgesamt 1000 Beschäftigten. Nahezu eine Million Menschen besucht jährlich das Welterbe. Mit der Eröffnung der Dauerausstellung des Ruhr Museums, dem neu gestalteten Denkmalpfad, dem Besucherzentrum Ruhr und dem Portal der Industriekultur wird Zollverein zum Zentrum mit neuen Perspektiven auch für die Kulturhauptstadt Europas RUHR.2010.

mation of the World Heritage site. The company charged with the redevelopment of the Zollverein initiates groundbreaking projects such as the transformation of the coal washery into the Ruhr Museum, the construction of the SANAA Building, designstadt no. 1 and the Zollverein Park.

World Heritage site

Shaft XII, shaft 1/2/8 and the coking plant are designated World Heritage sites in December 2001. UNESCO singles out the architectural and engineering merits of shaft XII particular praise.

Centre of culture and business

By 2008, development of the shaft XII site at Zollverein is completed. In 2009, refurbishment of the Zollverein coking plant and designstadt zollverein elevate the site to a new level. Today, Zollverein is a hub of the creative industry, with 1000 people working for scores of companies across the site. Every year, the World Heritage site attracts nearly one million visitors. Thanks to the opening of the permanent exhibition at the Ruhr Museum, the remodelled Zollverein Heritage Trail, the Ruhr visitors' centre and the regional Industrial Heritage Trail, Zollverein will continue to offer new prospects in the run-up to the RUHR.2010 Capital of Culture year.

EIN GESCHENK FÜR DIE REGION

Interview mit Hermann Marth, Vorsitzender des Vorstands Stiftung Zollverein

– Welchen Stellenwert hat das Weltkulturerbe Zollverein heute in der Region und im europäischen Vergleich?

Zollverein ist das Symbol der Industrialisierung und des Strukturwandels im Ruhrgebiet. Es steht mit seiner beeindruckenden Übertage-Architektur nach den strengen, bauhaus-orientierten Entwürfen der Architekten Schupp und Kremmer wie kein anderer Industriekomplex für die Identität an Ruhr und Emscher. Als UNESCO-Welterbe genießt Zollverein weltweite Beachtung, was sich auch in der Bewerbung des Ruhrgebietes für die europäische Kulturhauptstadt 2010 positiv niedergeschlagen hat. Zollverein entwickelt sich zu einem international anerkannten Kultur- und Wirtschaftsstandort.

– Was wird Zollverein sein, wenn alle baulichen Maßnahmen abgeschlossen sind?

Ein Geschenk für die Region. Wir werden eine von der Industrie verlassene riesige Fläche ins Leben zurückgeholt haben. Wir werden einen Wirtschaftsstandort geschaffen haben (und weiter schaffen müssen), der Arbeitsplätze in der Mitte des Ruhrgebietes anbietet, vor allem im Bereich der Kreativwirtschaft, des Designs und der Bildung. Zollverein wird ein Naherholungsgebiet für die Anwohner sein, Kulturangebote aller Art machen können: Konzerte, Lesungen, Theater- und Tanzveranstaltungen, die Ausstellungen des Ruhr Museums in der ehemaligen Kohlenwäsche und des red dot design museums, die jährlich wiederkehrenden großen

A PRESENT FOR THE REGION

Interview with Hermann Marth, Chairman of the Stiftung Zollverein Board

– How important is the Zollverein World Heritage site today, both to the region and in the wider European context?

Zollverein stands as a symbol of industrialisation and structural change in the Ruhr district. With its imposing structures designed in line with the strictly Bauhaus-inspired blueprints of architects Schupp and Kremmer, it embodies the identity of the Ruhr and Emscher region like no other industrial complex. Thanks to its UNESCO World Heritage listing, Zollverein enjoys global renown, which proved to be a positive factor when the Ruhr was applying to be the European capital of culture for 2010. Zollverein is transforming into a cultural and economic centre with an international profile.

– When all of the construction measures are finally complete, what will Zollverein represent?

It will be a gift to the region. We will have brought a vast tract of land abandoned by industry back to life. We will have created a centre for business that will carry on expanding. We will have generated jobs in the heart of the Ruhr district, especially in the fields of creative industry, design and education. Zollverein will be a place of recreation for local residents, with all kinds of high-quality cultural pursuits on offer – concerts, readings, stage plays, dance events, exhibitions at the Ruhr Museum in the old coal washery or the red dot design museum and major annual showpieces such as the Extraschicht Night of Industrial Culture and the Ruhr-

Events „Nacht der Industriekultur – Extraschicht“ und die Aufführungen der „Ruhrtriennale“ und das in zunehmendem Umfang bei hohem Qualitätsanspruch.

Und all das wird zu einer weiteren Belebung des Umfeldes beitragen, die Beherbergungszahlen werden steigen, durch die Studenten des Fachbereiches Gestaltung der Folkwang Hochschule kommt weiteres Leben in die Stadtteile rund um Zollverein.

– Nach dem Schacht ist nun die riesige Kokerei an der Reihe, saniert zu werden. Was soll die Kokerei künftig darstellen?

Die Kokerei wird zukünftig in Kooperation mit der RAG Tochter RAG Montan Immobilien GmbH einer neuen Nutzung zugeführt. Es wird darauf ankommen, tragfähige Konzepte für wirtschaftlich vernünftige Nutzungen zu realisieren. Bestehende Gebäude sind ja zum Teil jetzt schon an Unternehmen vermietet, der Masterplan bietet auch für den Bereich der Kokerei die Leitlinie für unsere Vitalisierungsbemühungen.

– Zollverein sollte nie ein Museum sein, obwohl es das Ruhr Museum in der ehemaligen Kohlenwäsche aufgenommen hat. Wie viele Arbeitsplätze in welchen Branchen sollen eines Tages neu geschaffen sein?

Auf Zollverein verbinden sich die Zeugnisse der Vergangenheit mit neuen Inhalten. Und nicht alle Museen auf dem Gelände widmen sich der Industriegeschichte, das Ruhr Museum bietet die Geschichte der Region zwischen Ruhr und Lippe zu allen Zeiten – einschließlich der Erdgeschichte –, das red dot design museum präsentiert zukunftsweisende Gestaltung. Die Branchen sind beschrieben, soweit man das von heute aus kann, die Kreativwirtschaft insgesamt, das Design, Hotel- und Beherbergung, künstlerische

triennale productions. What's more, the range of cultural attractions is set to expand.

All of these will serve to invigorate the area still more, so the number of hotel beds will increase. Moreover, design students at Folkwang University will bring fresh life to the areas of the city around Zollverein.

– Now that the shaft itself has been restored, the huge coking plant is next on the list for refurbishment. What is the plan for the coking plant?

The coking plant will be converted to a new purpose with the cooperation of RAG Montan Immobilien GmbH, a subsidiary company of RAG. It will be a question of developing workable concepts for economically viable usages. Actually, some of the existing buildings have already been let to various companies. The master plan also puts forward revitalisation guidelines for the area of the coking plant.

– Zollverein encompasses more than the Ruhr Museum that is now accommodated in the former coal washery. How many new jobs will eventually be created, and in which sectors?

The legacy of the past is merging with new substance at the Zollverein. Not all museums on the site are dedicated to industrial history – the Ruhr Museum charts the entire history of the region between the Ruhr and Lippe rivers, including geological history, and the red dot design museum showcases pioneering design. As far as we can tell from our current perspective, the sectors in question will include the creative industries in a broad sense, the design sector, hotels and accommodation and the artistic field. We

Bereiche. – Wie viele Arbeitsplätze das einmal sein werden, da kann man nur Wünsche formulieren, aber klar ist, so viele, wie die Bergbauindustrie hier einst hatte, werden es nicht wieder werden können. Das ist aber allgemein charakteristisch für die Nachnutzung von Industriearealen, und keine Besonderheit von Zollverein. Schon heute ist Zollverein ein bedeutender Wirtschaftsfaktor mit hundert Hektar Fläche, 280 Gebäuden, ca. 1000 Arbeitsplätzen bei ca. 170 Unternehmen, nahezu 1 Million Besucher und einer Wertschöpfung von 30 Million € pro Jahr – und das ständig steigend.

– Müsste die Location Zollverein nicht intensiver bespielt werden? Gibt es schon ein griffiges Konzept?

Die unglaubliche Architektur des Welterbes Zollverein bietet das Ambiente einer einmaligen Spielstätte. So sind ja auch bereits Film- und Fernsehproduktionen auf dem Standort gedreht worden, Theater und Konzertveranstalter schätzen die Einzigartigkeit des Ortes. Wir glauben darüber hinaus jedoch auch, dass Zollverein sein eigenes Gesicht als Aufführungsstätte weiter entwickeln wird. So wie z. B. im Bereich Tanz PACT Zollverein sein Profil erfolgreich zeichnet, gilt für unsere Arbeit an dem gesamten Standort: Es muss etwas Eigenständiges, Besonderes sein, nach Zollverein zu gehen – für Besucher ebenso wie für Akteure.

– Es gab großartige Pläne, Zollverein zu einem internationalen Designer-Standort auszubauen. Gilt dieser Plan noch immer oder ist er neuen Vorstellungen gewichen?

Zollverein ist ja heute schon ein bedeutender Standort für Design und Kreativwirtschaft. Durch die Ansiedlung des Fachbereiches Gestaltung der Folkwang Hochschule wird diese Ausrichtung noch

can't say for sure how many jobs will be created, but we do know that we can never return to the employment levels that the mining industry once brought to the region. Zollverein is not a special case in that regard – this is generally what happens where industrial sites are turned over to new uses. However, Zollverein is already an important economic entity with 100 hectares of land, 280 buildings, around 1,000 jobs at 170 or so companies, nearly a million visitors a year and annual value creation of € 30 million – and these figures are rising steadily.

– Should we be doing more to promote Zollverein as a venue, and has a memorable concept been devised to this end?

Thanks to the extraordinary architecture of the Zollverein World Heritage site, this is a venue with an atmosphere all of its own. Film and television productions have already been shot at Zollverein, and the organisers of theatrical events and concerts appreciate the unique qualities of the site. However, we also feel sure that Zollverein will build its own character as a performance venue. In the field of dance, for instance, PACT Zollverein has established a distinctive profile, and the same has to apply to our work across the entire site – coming to Zollverein must be something distinctive and special, both for visitors and performers.

– There were grand plans to expand Zollverein into an international base for designers. Is that still the case, or has a new vision taken its place?

Actually, Zollverein is already an important base for design and the creative sector. Accommodating the design faculty of Folkwang University will do a great deal to further this ambition, and will also boost

einmal sehr unterstützt, auch der Ausbau der designstadt bekommt dadurch einen starken Impuls. Nein, der Plan ist nicht anderen Vorstellungen gewichen, sondern wird weiterhin konsequent verfolgt.

the expansion of the designstadt. No, the plan has not given way to a different vision, we are sticking to the same objective.

– Ein Wort zur Stiftung: Wem „gehört" Zollverein, wer hat jetzt den Hut auf?

Mit der Neuausrichtung der Stiftung Zollverein in 2008 ist das Aufgabenspektrum erheblich erweitert worden und beinhaltet die Bereiche „Kunst, Kultur, Tourismus", „Entwicklung, Bau und Betrieb" sowie das Ruhr Museum. Stifter sind das Land NRW, der Landschaftsverband Rheinland und die Stadt Essen. Geleitet wird die Stiftung von einem vierköpfigen Vorstand. Ein aus fünf Personen bestehender Stiftungsrat unterstützt und kontrolliert den Vorstand. Darüber hinaus besteht ein Kuratorium mit beratender Funktion.

– A quick question about the Foundation – who does Zollverein 'belong' to, who is in charge?

The realignment of the Zollverein Foundation in 2008 significantly inflated the scope of tasks, which now comprise the areas of 'art, culture and tourism' and 'development, construction and operation' as well as the Ruhr Museum. The benefactors are the state of North Rhine-Westphalia, the Rhineland Regional Council and the City of Essen. The Foundation is run by a four-strong management board, which is supported and overseen by a five-person board of trustees. There is also a curatorship with an advisory role.

Gesamtansicht der Anlage.

Total view of the area.

MENSCHEN AUF ZOLLVEREIN

Zollverein mit seiner beeindruckenden Architektur war damals und ist heute nichts ohne die Menschen, die hier einst wie aktuell arbeiten, leben, sich kümmern. Wer sich heute hier ansiedelt, schätzt die besondere Atmosphäre des Welterbes oder möchte die Faszination Zollverein an andere Menschen weitergeben. Das große Areal gibt Raum für das Ausprobieren vieler Ideen.

WERNER PINNOW

Als Reviersteiger in der Kohlenwäsche hat Werner Pinnow bis zur Schließung der Zeche Zollverein gearbeitet. „Dann bin ich stillgelegt worden, zumindest teilweise", sagt er. Denn auf Zollverein arbeitet er inzwischen wieder: Er führt Besucher über das riesige Areal, das er kennt wie kaum jemand. Besonders gut kann er vermitteln, wie schwer die Arbeit einst war. „Wenn man hier in Katernberg malochte, dann war das schon was", sagt Pinnow. Über die Kohle weiß er alles, wird er gefragt, kann die Antwort dauern, sagt er lächelnd. Schließlich beginnt die Geschichte der Kohle vor 300 Millionen Jahren. Er freut sich, „dass ich den Wandel von Zollverein zeigen kann. Und ich kann Geschichten von früher erzählen. Das kommt bei den Leuten gut an." In Pinnows altem Büro stehen heute Flachbildschirme, wo einst das Betriebslabor seine Heimat hatte, wird heute für ein Café in einer modernen Küche gekocht. Kataloge stehen zum Verkauf, wo damals die riesigen Waschanlagen aktiv waren. Pinnow findet es gut, dass sich etwas bewegt, „denn sonst wäre Zollverein nur eine Hülle". Wenn er jetzt noch manchmal die

ZOLLVEREIN AND ITS PEOPLE

For all the impressive architecture we can see at Zollverein, without the people who once worked and lived here, dedicating themselves to its upkeep, and equally without those who perform the same role now, the place has no real meaning. Those who relocate here appreciate the special atmosphere of this world heritage site and are keen to pass on the fascinating world of Zollverein to others. With such a large area available, there is plenty of room to try out new ideas.

WERNER PINNOW

Werner Pinnow worked as a pit deputy in the coal wash plant right up to the closure of the Zollverein colliery. "Then I was laid off, at least partly," he says, adding that he now works there again on an occasional basis taking visitors around the huge site, which of course he knows like the back of his hand. He has a marvellous ability to put across just how hard the work was. "Working here in Katernberg, now that really was hard graft," says Pinnow. He knows everything about coal, and if he is asked a question, the answer can take some time, he says with a smile. After all, the history of coal goes back 300 million years. He is delighted that he is able to "show people the transformation of Zollverein. And I can tell them tales of how it used to be. The visitors like that." Today, Pinnow's old office is full of flat screens, and a modern kitchen prepares food for the café where the company's laboratory used to be. Catalogues are now on sale where once the huge washing plant operated. Pinnow is pleased to see things moving again. "Zollverein would just be a shell otherwise," he observes. Now, whenever he puts on the white miner's outfit and fits

Bis zur Schließung der Zeche arbeitete Werner Pinnow als Reviersteiger. Heute führt er Touristen über die Anlage, berichtet von damals.

weiße Bergmannskluft anzieht und eine Grubenlampe an den Helm steckt, dann fühlt er sich ein wenig wie an Karneval. Denn: Die harte Arbeit, die war für ihn gestern. Jetzt kann er das Welterbe genießen.

ANNE WEISBERG

Noch gut kann sich Anne Weisberg daran erinnern, wie ihre Mutter samstags im Keller das Wasser heiß machte und in die Zinkbadewanne kippte. Seit fast 50 Jahren lebt sie im Schatten von Zollverein. Auf gut 50 Quadratmetern, verteilt auf drei Etagen, wohnte damals ihre siebenköpfige Familie. Zwei Schlafzimmer, einen Wohnraum, die Küche, den Keller teilten sich drei Generationen. „Ich habe bei meinen Eltern im Bett, in der Besucherritze geschlafen. Mein Bruder hatte in dem

Until the pit finally closed, Werner Pinnow worked as a section mine foreman. Now he gives tourists guided tours and reminisces about the past.

a safety lamp to his helmet, he feels he could almost be in a carnival procession. For Werner Pinnow, those days of backbreaking work belong to the past, and now he is free to enjoy the former colliery as a centre of world heritage site.

ANNE WEISBERG

Anne Weisberg still remembers those Saturday mornings when her mother would heat up water in the cellar and pour it into the zinc bathtub. She has lived in the shadow of Zollverein for almost fifty years. In those days, her family of seven lived on three floors making up a little over fifty square metres. There were three generations sharing two bedrooms, a living room, the kitchen and the cellar. “I slept in my parents’ bed in the gap between the mattresses, although my brother had his own

Anne Weisberg richtete das Zechenhäuschen, in dem schon ihre Großmutter wohnte, liebevoll wieder her, vermietet es jetzt an jene, die dem Zechenleben auf der Spur sind.

Anne Weisberg painstakingly restored the miner's cottage that was once her grandmother's home. Today, visitors keen to travel back in time always receive a warm welcome.

Schlafzimmer immerhin ein eigenes Bett." Genau diese Wohnung in der Siedlung Ottekampshof vermietet sie jetzt als Ferienwohnung Vierspänner. Vorsichtig hatte sie Ende der 1990-er Jahre bei der Zollverein-Touristk angefragt, ob es wohl Interesse an so einer Ferienwohnung gäbe. „Die waren sofort begeistert und bestärkten mich." Unter Denkmalschutz steht der historische Vierspänner, gebaut 1899. „Ich habe das Haus bis 2003 restauriert und originalgetreu eingerichtet. Auf Komfort verzichten müssen die Besucher trotzdem nicht – aber wer mag, kann in der Zinkbadewanne baden", sagt Anne Weisberg. Schon ihre Großmutter wohnte in dem Haus, ihre Mutter bewohnt noch einen Teil, die von Anne Weisbergs Großvater gebauten Kohlen- und Kartoffelkisten stehen weiterhin im Keller. „Manche Gäste

bed." She now lets her former home in Ottekampshof to holidaymakers as the Ferienwohnung Vierspänner (Vierspänner were typical miners' houses with four separate entrances). In the late 1990s she made enquiries at the Zollverein tourist board to see whether there was any interest in holiday lets such as that she had to offer. "They were very enthusiastic and encouraged me." The historic Vierspänner, built in 1899, now has listed building status. "I finished renovating the house in 2003, making sure that everything was just as it was in those days. Of course, it's perfectly comfortable for visitors to stay in, but anyone who wants to can still take a bath in the old zinc tub," says Anne Weisberg. Her grandmother, too, once lived in the house, and indeed her mother still occupies one part of the building. The coal

besuchen meine Mutter, weil sie ihre alten Fotos sehen möchten, bei einem Glas Pils mit ihr plaudern." Gar nicht so leicht sei es gewesen, das Haus wieder herzurichten. „Alles Alte war rausgerissen, die Leute hatten es satt. Das kann man auch verstehen. Aber ich liebe das Alte." Nach und nach bekam sie von einer Wohnungsbaugesellschaft alte Türen, Nachbarn brachten, was sie eigentlich wegschmeißen wollten. Sogar Kohle können Gäste heute im Keller schnuppern. „Früher habe ich mir nichts dabei gedacht, wenn Oma und Mama die Böden bohnerten. Jetzt habe ich einen Bohnerbesen und weiß: Das ist Knochenarbeit." Bücher laden Neugierige ein, sich über die Historie des Stadtteils zu informieren. Anne Weisberg möchte, dass Besucher nicht nur Zollverein, sondern auch die Stadtteile Katernberg, Schonnebeck, Stoppenberg kennen lernen. Manchmal bekommen auch alte Bergleute eine Übernachtung bei ihr geschenkt. „Gerührt war ich, als einmal eine Braut ganz in Weiß vor der Tür stand. Ihr Mann hatte die Übernachtung als Überraschung gebucht. Die beiden hatten Hochzeitstag, hatten damals auf Zollverein geheiratet."

MARC RASCHKE UND RALF KALSCHEUR

2008 gründeten die Redakteure Marc Raschke und Ralf Kalscheur die Agenur RK ZEHN auf Zollverein. Ihr Büro haben sie in Halle 10 auf Schacht XII. „Für einen Kulturwissenschaftler wie mich ist ein Ort wie Zollverein einfach traumhaft: ein Ort der Kraft und Anstrengung, ein amorpher, wandlungsfähiger Organismus, der mutigen Ideen Raum lässt und der in einer gewissen Spannung zu seiner Umgebung steht", sagt Marc Raschke, der wie sein Kollege Volontär bei der Westdeutschen Allgemeinen Zeitung war. Später dann ar-

and potato boxes made by her grandfather can still be found in the cellar. "Lots of guests visit my mother to see her old photos and chat with her over a glass of local Pils." Restoring the house was not easy, says Anne. "All the old fittings had been torn out. People were fed up with them. I can understand that, but I love the old things." Gradually, she was able to get hold of old doors from a building company, and neighbours brought her the items they were intending to throw away. Today's visitors can even smell coal in the cellar. "In those days, I thought nothing of it when my grandmother and mother waxed the floors. Now I have a waxing brush, and I can tell you it's really hard work." There are books on display, too, so that those with an interest in the past can find out more about the district. As well as Zollverein, Anne Weisberg wants visitors to learn about the districts of Katernberg, Schonnebeck and Stoppenberg. Sometimes she invites former miners to stay overnight for free. "I was very touched once, I remember, when I found a bride all dressed in white on my doorstep. Her husband had paid for them to stay there as a surprise. It was their wedding anniversary. They had got married at Zollverein."

MARC RASCHKE AND RALF KALSCHEUR

It was in 2008 that editors Marc Raschke and Ralf Kalscheur set up the RK ZEHN agency at Zollverein. Their office is in Hall 10 at Shaft XII. "For those who love history and culture as I do, a place like Zollverein is just amazing. It's full of energy and endeavour – an amorphous, adaptable entity that offers scope for courageous ideas and generates a certain tension with its surroundings," says Marc Raschke, who along with his colleague was a trainee with the Westdeutsche Allgemeine Zeitung newspaper. As a freelance journalist, he

beitete er als freier Journalist u.a. für das Wirtschaftsmagazin brand eins, für Welt kompakt, n-tv-online, Bild, dpa. Ralf Kalscheur war Projektredakteur der „Mediathek für Nordrhein-Westfalen" vom Westdeutschen Rundfunk und der Westdeutschen Allgemeinen Zeitung, schrieb u.a. für Die Zeit, die Rheinische Post und Spiegel Online. Oft, so Raschke, sei er gefragt worden, warum er als Journalist nicht nach Hamburg oder Berlin gegangen sei. Doch er glaubt, dass das Ruhrgebiet einem Journalisten mehr Spielraum bietet. „Zollverein liegt mitten im Ruhrgebiet und hat als originärer Designstandort einen Bedarf für journalistische Vermittlung." Und: Wer könne schon von sich sagen, sein Büro in einem UNESCO-Weltkulturerbe zu haben. Dennoch bleibt das Duo nicht nur in der Region. Es expandiert: Die Journalisten haben ein Büro in Hamburg eröffnet – quasi als ständige Vertretung des Ruhrgebiets im Norden.

went on to work for the business magazine brand eins and for Welt kompakt, n-tv-online, Bild and the dpa. Ralf Kalscheur worked as project editor on the Nordrhein-Westfalen media library for Westdeutsche Rundfunk (radio broadcaster) and Westdeutsche Allgemeine Zeitung and has written for the German newspapers Die Zeit, Rheinische Post and Spiegel Online. Raschke says he is often asked why as a journalist he didn't move to Hamburg or Berlin. He believes the Ruhr area offers journalists greater scope. "Zollverein is right at the heart of the Ruhr, and as a design centre it needs journalists to report on what is happening there." In any case, he observes, who else can say their offices are located in a world heritage site? Having said that, the business partners are expanding beyond the region and have now opened an office in Hamburg that acts like a permanent branch of the Ruhr in the north of the country.

Ralf Kalscheur (l.) und Marc Raschke gründeten ihre Agentur RK ZEHN in Halle 10 auf Schacht XII.

Ralf Kalscheur (l.) and Marc Raschke set up the RK ZEHN agency in Hall 10, Shaft XII.

Marc Raschke (r.) und Ralf Kalscheur arbeiten kreativ, wo früher körperliche Arbeit Alltag war – im Schatten des Zollverein-Wahrzeichens.

Marc Raschke (r.) and Ralf Kalscheur work as journalists in close proximity to the headframe, where once hard labour was the order of the day.

KATHARINA ROGALLA

Zur Rettungsschwimmerin hat sich Katharina Rogalla bei der Deutschen Lebensrettungsgesellschaft (DLRG) ausbilden lassen. Viel Spaß hatte sie im Sommer als Bademeisterin im Werksschwimmbad. „Das war toll, denn es geht auf Zollverein sehr familiär zu, die Kulisse und die Atmosphäre sind etwas ganz Besonderes“, sagt sie. Gerne sprang sie auch selbst mal ins verlockende Wasser, um sich abzukühlen. Viele Kinder aus den umliegenden Stadtteilen kommen alljährlich in der warmen Jahreszeit, um zu baden und sich zu sonnen. „Der Eintritt ist frei. An manchen Tagen war es so voll, dass ich niemanden mehr reinlassen konnte. Denn das Schwimmbecken selbst ist ja nicht so groß.“ Viele Touristen und Besucher von Zollverein hätten überrascht nachgefragt, warum und wieso es denn auf Zollverein dieses Freibad gäbe. „Sie fanden die Idee ganz toll.“

KATHARINA ROGALLA

Katharina Rogalla trained as a lifeguard with the German Association of Lifeguards. She enjoyed the summers working as supervisor at the works pool. “It was great. It was a l very friendly at Zollverein. The setting and the atmosphere are very special,” she says. She loved jumping into the inviting water herself from time to time to cool down. Lots of children from the surrounding districts came every year when it was warm enough to swim and sunbathe. “There was no entrance fee. On many days it was so full that I just couldn’t let anyone else in – the pool wasn’t really all that big.” Katharina adds that many surprised tourists and visitors ask why there is an open-air pool at Zollverein. “They thought it was a great idea.”

Das Werksschwimmbad in der Kokerei.

The swimming pool within the coking plant.

KERAMISCHE WERKSTATT YOUNG-JAE LEE

Young-Jae Lee leitet die Keramische Werkstatt Margaretenhöhe, gegründet 1924 von Margarethe Krupp, der Witwe von Friedrich Alfred Krupp. Die Werkstatt war für die Ausschmückung der von der Witwe gestifteten Siedlung Margarethenhöhe im Essener Westen gegründet worden, Anwohner aber störte der Rauch. Schon 1933 zog sie deshalb um auf die Schachtanlage 6/9 der Zeche Zollverein. Dabei ging irgendwie das H in Margarethenhöhe verloren. „Wir sind also quasi schon immer hier auf Zollverein, sind dem Ort sehr verpflichtet", sagt Young-Jae Lee. Der Bauhaus-Philosophie fühlten und fühlen sich die Mitarbeiter der Werkstatt verbunden.

CERAMICS WORKSHOP YOUNG-JAE LEE

Young-Jae Lee is in charge of the Margaretenhöhe ceramics workshop, which was founded in 1924 by Margarethe Krupp, the widow of Friedrich Alfred Krupp. The workshop was originally set up to decorate the settlement of Margarethenhöhe, also founded by Krupp's widow, in the west of the city. In 1933, however, after complaints from neighbours about the smoke, she moved it to the site of Shaft 6/9 at the Zollverein colliery. Somehow the "h" in Margarethenhöhe disappeared. "So we've been here almost since the beginning at Zollverein and feel a sense of duty to the place," says Young-Jae Lee. The workshop's staff felt and continue to feel very

Young-Jae Lee zog mit ihrer Keramischen Werkstatt Margaretenhöhe 1987 nach Zollverein.

Young-Jae Lee is in charge of the Margaretenhöhe ceramics workshop.

Die Meisterin gehört in ihrem Metier zu den international anerkanntesten und gefragtesten Künstlerinnen. Die Keramiktraditionen ihrer koreanischen Heimat prägen ihre Arbeiten. Die Objekte zeichnen sich durch einen höchst differenzierten Einsatz der Glasurtechniken, durch abgestimmte Farbigkeiten und zeitlose Linienführung aus. Young-Jae Lee organisierte mit der Keramikerin Hildegard Eggemann 1987 den Umzug der Werkstatt auf die Gründerschachtanlage der Zeche. „Der Raum ist toll. Ideal kann man hier Ton lagern.“ Weniger an Touristen verkaufen sie Keramiken. „Wir exportieren viel, haben große Kunden in Japan.“ Sie belieferten sogar schon das jordanische Königshaus.

close to the Bauhaus design philosophy. Young-Lee herself is one of the most highly accomplished and sought-after artists in her field. Her work is characterised by the influence of Korean ceramic traditions from her homeland. The objects she makes stand out on account of her use of highly differentiated glazing techniques, matching colour schemes and timeless lines. In 1987, together with fellow ceramics artist Hildegard Eggemann, Young-Jae Lee moved the workshop to the buildings forming the colliery's original shaft. “The space is wonderful. It's ideal for storing clay.” In fact, it isn't so much tourists who buy the workshop's products. “We export a lot and have some major customers in Japan.” The workshop has even supplied the Jordanian royal family.

JULIA STOTZ UND ANNETTE WACKERMANN

SchmuckProdukt heißt die Werkstatt und Galerie der Schmuck- und Produktdesignerinnen Julia Stotz und Annette Wackermann in Halle 12 des Schachtes XII, also in der alten Lesebandhalle. Zu den Mietern der ersten Stunde gehört die Galerie. „Vor zehn Jahren sah das hier alles noch ganz anders aus, da war die Werkstatt auch noch in einem kleinen Raum unter-

JULIA STOTZ AND ANNETTE WACKERMANN

SchmuckProdukt is the name chosen by jewellery and product designers Julia Stotz and Annette Wackermann for their workshop and gallery in Shaft XII, Hall 12, in the old coal sorting room. The gallery was one of the first tenants here. “It all looked completely different ten years ago. The workshop was tucked away in a tiny room. It was almost a case of taking our

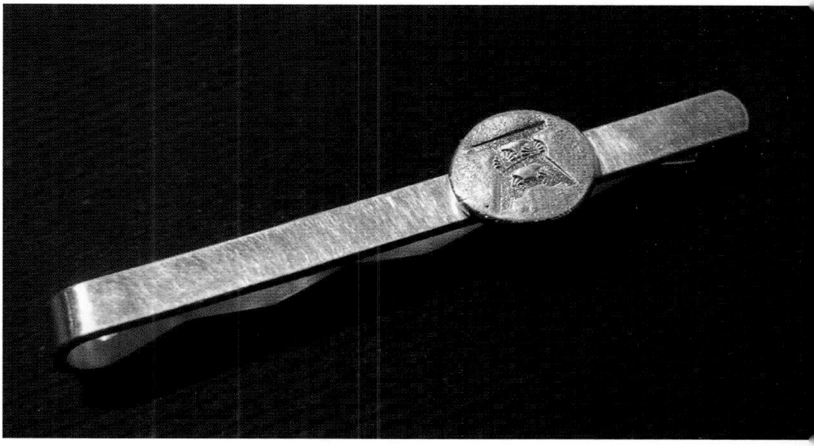

Originelles Schmuckstück: eine Krawattennadel mit dem Fördergerüst von Zollverein.

A novel piece of jewellery: tie pin depicting the Zollverein headframe.

Gehörten zu den ersten Kreativen auf Zollverein: die Goldschmiedinnen Julia Stotz (l.) und Annette Wackermann.

They were among the first artists at Zollverein: goldsmiths Julia Stotz (l.) and Annette Wackermann.

gebracht. Die Miete wurde quasi zur Bauhütte getragen", erinnert sich Julia Stotz. Die Gold- und Silberschmiedin aus Wuppertal studierte an der Fachhochschule Düsseldorf Schmuck- und Produktdesign. Die in Velbert geborene Graveurin Annette Wackermann belegte Produktdesign an der Fachhochschule Düsseldorf. Sie war es, die sich zuerst nach Zollverein wagte. Julia Stotz stieß dazu. Die einzigartige Architektur von Zollverein fesselte das Duo – und begeistert es bis heute. „Der Gegensatz von filigraner Arbeit und dem Monumentalen ist einfach faszinierend." Schmuck auch aus Stahl oder mit Zollvereingerüst, gestempelt auf handgeschmiedete Plättchen und weiterverarbeitet zu Kettenanhängern, Ringen, Armbändern oder Manschettenknöpfen, fertigen beide an, bieten zudem Souvenirs. Neben

rent to the builder's shed," recalls gold- and silversmith Julia Stotz from Wuppertal, who studied jewellery and product design at Düsseldorf University of Applied Science. Engraver Annette Wackermann was born in Velbert and graduated in product design at the same university. She was the first of the pair to risk the move to Zollverein and was joined later by Julia Stotz. They were and still are captivated by Zollverein's unique architecture. "The contrast between our delicate work and the monumental scale of our surroundings is simply fascinating." Both produce jewellery and souvenirs made of steel or using old metal construction materials from Zollverein stamped onto hand-forged plates and worked into chain pendants, rings, bracelets or cuff links. As well as jewellery, they display home accessories

Schmuck zeigen sie auch Wohnaccessoires – und gelegentlich die Kreationen anderer Designer. Ihren Einzug haben die beiden Frauen, die nur wegen Zollverein nach Essen kamen, nie bereut: „Es hat zwar etwas gedauert, bis die Menschen uns hier wahrgenommen haben, aber inzwischen haben sie verstanden, dass das hier nicht nur temporär ist“, sagt Julia Stotz.

BERNARDO VIANA FURTADO DE MELLO

Die Liebe zur Musik brachte den E-Gitarristen aus Brasilien 2003 nach Deutschland. „Ich konnte nur wenig Deutsch, machte ein Praktikum auf Zollverein. Inzwischen bin ich fast einer der ältesten Mitarbeiter“, sagt Bernado Viana Furtado de Mello, der sich um „La Primavera“ der kalifornischen Künstlerin Maria Nordman kümmert. Die

and occasionally creations by other designers. Neither has ever regretted the decision to move to Essen, which they only made because of Zollverein: “It may have taken a while for the people to notice us here, but now they realise that we are here to stay,” says Julia.

BERNARDO VIANA FURTADO DE MELLO

It was a love of music that brought Bernardo Viana Furtado de Mello, an electric guitarist, from Brazil to Germany in 2003. “I couldn’t speak much German, and I did an apprenticeship at Zollverein. I’m now one of the oldest employees,“ he says. Bernardo looks after “La Primavera” by Californian artist Maria Nordman, a walk-

Von der besonderen Atmosphäre von „La Primavera“ auf Zollverein schwärmt Bernardo Viana Furtado de Mello. Er öffnet die Installation für Besucher.

Bernardo Viana Furtado de Mello is fascinated by the special atmosphere of “La Primavera” at Zollverein. He looks after visitors to the art installation.

Nur einzeln und mit Pantoffeln, die Bernardo Viana Furtado de Mello bereithält, dürfen die Besucher den Raum von „La Primavera" der Künstlerin Maria Nordman betreten.

Visitors are only admitted one at a time into "La Primavera" created by artist Maria Nordman. They are obliged to wear slippers – supplied by Bernardo Viana Furtado de Mello.

begehbare Skulptur ist in einem alten Bunker für Kesselasche gleich vor Schacht XII installiert. „Das Arbeiten war und ist familiär. Ich bin sehr unterstützt worden." Das Kunstwerk hat er anfangs nicht verstanden. Irreal wirkt der Widerhall der Schritte in dem weißen, fensterlosen, spärlich beleuchteten und auf Schienen fahrbaren Kubus, in den der Besucher durch einen Vorraum mit Alltagsgegenständen gelangt, der eine Wohnung auf kleinstem Raum ist. „Ich suchte die Bilder an den Wänden in dem Kubus." Aber die Künstlerin selbst hat ihm dann erzählt, was es mit „La Primavera" auf sich hat – und dass er nie von Kunstwerk, sondern von Projekt sprechen solle. Dieses Projekt bedürfe der Besucher. Auf sie solle der Raum wirken. „Die Reaktionen sind spannend. Manche bleiben ganz lange in dem Raum, sind begeistert, manche sind nach weni-

in sculpture situated in an old boiler ash bunker right in front of Shaft XII. "The work has always been very relaxed. I've had a lot of support." To begin with, he didn't understand the sculpture. There is a sense of unreality about the echo of footsteps in the white, windowless, dimly lit cube, which can be moved on rails. Visitors enter the cube through a lobby containing everyday items – basically a tiny apartment. "I looked for the pictures on the walls in the cube." But then the artist herself told him what "La Primavera" was all about and that he should refer to it as a project rather than a work of art – a project that needed each visitor, on whom the space is meant to have an impact. "It's fascinating to see the different ways people react. Many are so enthused they stay in there for ages, while others are back out in just a few seconds

Die begehbare Skulptur ist in einem restaurierten Bunker für Kesselasche gleich vor Schacht XII installiert.

The walk-in sculpture is located in a former bunker for boiler ash, directly in front of Shaft XII.

gen Sekunden wieder draußen, finden das alles bedrückend.“ Nur einzeln dürfen die Besucher den Raum betreten, um in ihrer Wahrnehmung nicht gestört zu werden. Kinder seien mutiger als Erwachsene. Auch auf den Brasilianer wirkte „La Primavera“ nach und nach, er lernte sich dadurch selbst besser kennen. Zu dem Kunstwerk gehört auch das Gärtchen dahinter mit den 20 Ginkgo- und den beiden Mammutbäumen aus der Urzeit sowie einer Nordmanntanne. Toll findet der Betreuer, der inzwischen auch als Maschinenbauer arbeitet, aber sich am Wochenende immer noch um „La Primavera“ kümmert, „dass hier viele Menschen aus der Region herkommen. Besonders die Kinder sind begeistert, auch die mit Migrationshintergrund. Ein Junge, der gegenüber Zollverein wohnt, kam erstmals, als er zehn Jahre alt war – seitdem kommt er an jedem Wochenende, seit fünf Jahren.“ Die Kinder würden ihm auch beim Putzen helfen, würden Gäste auf die Skulptur aufmerksam machen. „Denn es ist von außen unauffällig. Viele laufen daran vorbei.“

WINFRIED BOOK

Beeindruckend ist der Konferenz-Raum im Ex-Leitstand der Kokerei Zollverein mit all den restaurierten Knöpfen, Schaltern und Anzeigen. Stolz zeigt Winfried Book, Leiter des Vertriebs und der Kommunikation des seit 2006 auf Zollverein ansässigen Erwin L. Hahn Institute for Magnetic Resonance Imaging an der Arendahls Wiese, diesen außergewöhnlichen Raum. Herzstück des Instituts ist ein 7-Tesla-Magnetresonanztomograf. Weltweit gibt es nur 16 solcher Geräte. 25 Menschen aus vier Nationen erforschen die so genannte Ganzkörperbildgebung für den klinischen Einsatz. „Das macht uns hier einzigartig. Die anderen Geräte sind alle nur für die Forschung gedacht, befassen sich meist mit

and find it all oppressive.” Visitors are only allowed to enter the room one at a time so they are not disturbed in their contemplation. According to Barnardo, the children are often braver than the adults. Gradually he, too, found himself affected by “La Primavera” and feels it helped him to learn more about himself. The exhibit also includes a small garden behind with twenty ginkgo trees, two primeval sequoias and a Nordmann fir. Although Bernardo now works as a mechanical engineer, he still comes at weekends to look after “La Primavera” and thinks it is wonderful “that so many people here come from the region. The children are particularly enthusiastic, including those who are not from the local area. One boy, who lives opposite Zollverein, first came when he was ten years old. Since then he’s been coming every weekend for the last five years.” The children also help with the cleaning, he says, and point visitors towards the sculpture. “It’s not really striking from the outside. Many people just walk past it.”

WINFRIED BOOK

The conference room in the Zollverein cokery’s old control centre makes quite an impact with all its restored buttons, switches and displays. Winfried Book, chief sales and communications officer at the Erwin L. Hahn Institute for Magnetic Resonance Imaging, which came to Arendahls Wiese on the Zollverein site in 2006, glows with pride as she shows off this extraordinary room. Pride of place at the institute goes to the 7-Tesla magnetic resonance tomograph, of which there are only sixteen in the whole world. Twenty-five people from four nations are here to research whole-body imaging for clinical use. “That makes us unique here. All the other machines are designed just for

Wie begeistert Gäste auf den Standort Zollverein reagieren, erfährt Winfried Book vom Erwin L. Hahn Institute immer wieder.

Visitors frequently marvel at the beauty of Zollverein, as Winfried Book from the Erwin L. Hahn Institute knows only too well.

der Neurowissenschaft. Wir möchten die klinische Anwendung erreichen.“ Auf Zollverein zu arbeiten, sei etwas Besonderes. „Früher war das ein Industriestandort, inzwischen ist dies auch ein Wissens- und Forschungsstandort. Viele Gäste sind fasziniert, wenn sie sehen, dass wir hier agieren inmitten von Bergbauten, Rohrsystemen und Förderbändern. Sie stellen viele Fragen. Oft ergeben sich Anschlussbesuche. Ein amerikanischer Gastprofessor sprach von einem „incredibly exciting ambiance“, so Book. Wissenschaftler der Universität Duisburg-Essen und des Donders Institute for Brain, Cognition and Behaviour aus dem niederländischen Nijmegen arbeiten an dem Magnetresonanztomografen zusammen. „Das Corporate Design des Instituts verbindet die Geschichte Zollvereins mit magnetischen

research and are mostly concerned with neuroscience. We want to do things that have a clinical application.” Winfried thinks working at Zollverein is something special. “It used to be an industrial site, and now it has become a knowledge and research centre. Many of our visitors are fascinated when they see that we work in the middle of colliery buildings, pipe work and conveyors. They ask lots of questions. We often get follow-up visits. A visiting professor from the United States spoke of an “incredibly exciting ambiance”, he says. Scientists from the University of Duisburg-Essen and the Donders Institute for Brain, Cognition and Behaviour from Nijmegen in the Netherlands work together on the magnetic resonance tomograph. “The institute’s corporate design links the history of Zollverein to magnetic fields. I’m very

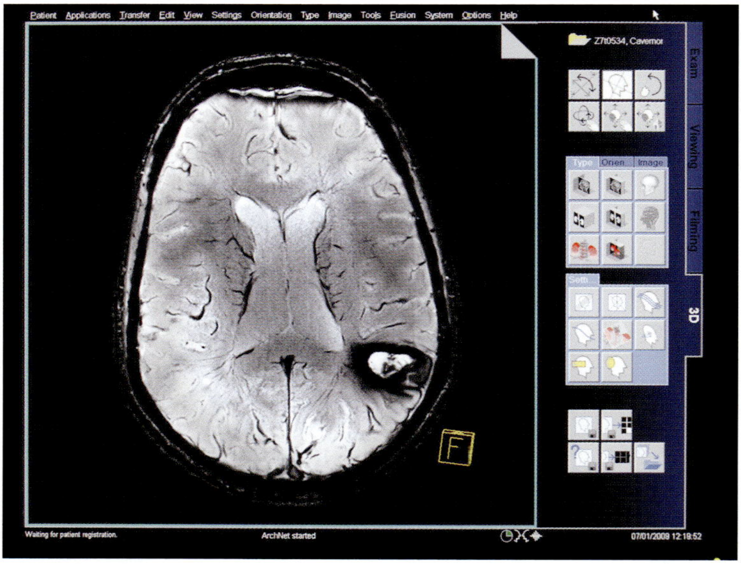

Ein 7-Tesla-Magnetresonanztomograf, von denen es weltweit nur 16 gibt, liefert präzise Bilder des menschlichen Körpers.

The 7-Tesla magnetic resonance tomograph provides ultra-precise images of the human body. There are only 16 imaging devices of this kind worldwide.

Feldern. Darauf bin ich sehr stolz. Reizvoll ist die Verbindung von Globalisierung und urbaner Struktur." Das Umfeld für eine solche Einrichtung sei ideal: „Kaum eine andere Region auf der Welt weist eine solche Dichte infrastruktureller Voraussetzungen auf. 130 Kliniken, über 3000 niedergelassene Ärzte und über 1000 weitere Versorgungseinrichtungen stellen ein nahezu optimales Umfeld zur Bildung von klinischen Forschungsallianzen dar."

KALLE KRAUSE UND INSA JANSSEN

Kalle Krause und Insa Janßen haben sich bei der Theaterarbeit kennen gelernt und 1998 die gemeinsame Firma gegründet. „Der Name Kalle Krause war bekannt. Warum sollte nicht auch die Firma so heißen?" Insa Janßen ist da pragmatisch. Gearbeitet wurde noch in einer Außenstelle von Zollverein: An der Katernberger Straße entstanden Konzepte und Strategien für Messen, Events, Bühnenveranstaltungen und Ausstellungen von der Ideenentwicklung über die Gesamtkonzeption und Produktion der Ausstattung

proud of that. I'm fascinated by the combination of globalisation and urban structure." The setting is ideal for such an establishment, he believes: "There are few other regions in the world that could offer the same level of infrastructure. With 130 hospitals, over 3,000 doctors in private practice and over 1,000 other healthcare establishments, this is almost the perfect spot to create new partnerships in clinical research."

KALLE KRAUSE AND INSA JANSSEN

Kalle Krause and Insa Janßen met when they were both working in theatre and set up a joint company in 1998.

"The name Kalle Krause was well known," observes Insa Janßen pragmatically, "so why shouldn't the company use it?" The pair worked in one of Zollverein's offsite locations in Katernberger Straße, where they developed concepts and strategies for trade fairs, events, stage events and exhibitions from the original idea and overall planning to production of the equipment and fittings required and execution

Kalle Krause und Insa Janßen lernten sich bei der Theaterarbeit kennen, entwerfen Konzepte und Strategien für Messen, Events, Bühnenveranstaltungen und Ausstellungen.

Kalle Krause and Insa Janßen met whilst working for the theatre; they create concepts and strategies for trade fairs, events, stage shows and exhibitions.

bis zur Durchführung. Dabei greifen Insa Janßen und Kalle Krause auf die langjährige kreative Auseinandersetzung mit szenischen und szenografischen Herausforderungen im Theater zurück – wenn es auch meist nicht mehr die „eigenen Hände“ sind, denn mittlerweile sorgt ein Team aus Designern, Architekten und Bühnenbildnern sowie erfahrenen Handwerkern der Gewerke Holz- und Metallverarbeitung, Dekoration, Bildhauerei und Malerei für die Umsetzung, während sich die Gründer um Strategien und Konzepte kümmern. Auch was die eigene Entwicklung angeht. Die Kalle Krause GmbH ist der erste private Investor auf dem Welterbe Kokerei Zollverein und hat gerade ein Bauvorhaben realisiert, bei dem das

of the project. Insa Janßen and Kalle Krause can draw on many years of experience finding creative solutions to scenic and scenographic challenges in the theatre, although in most cases the hands-on work is now performed by a team of designers, architects and stage fitters as well as experienced craftsmen and craftswomen in the field of wood and metal working, decoration, sculpture and painting, leaving the company's founders free to concentrate on strategies and concepts and on the future development of the business. Kalle Krause GmbH was the first private investor at Zollverein cokery world heritage site and has just realized a building project that involves extending the former No. 2 switchroom

denkmalgeschützte ehemalige Schalthaus 2 zu einer modernen Produktionsstätte mit 4000 Quadratmetern Nutzfläche ausgebaut wurde. Hier finden neben Planungs- und Verwaltungsflächen auch Schreinerei, Schlosserei und Montagehalle ihren Platz. „Wir sehen als Essener Unternehmen unsere Zukunft auf Zollverein“, erklärt Insa Janßen. „Hier ist die Kreativwirtschaft zu Hause. Flair, Orientierung und die Inszenierung von Arbeit in einer inspirierenden Umgebung. Das passt zu uns!“

into a modern production site covering 4,000 square metres with space for carpentry and metal workshops, an assembly area and planning and administration offices. “As an Essen company, we see our future at Zollverein,” explains Insa Janßen. “This is the ideal place for a creative business like ours. Style, focus and an inspiring working environment – that suits us down to the ground!”

WOLFGANG DOCZYCK

Einst sorgte die Zeche für reichlich Schmutz in der Umgebung. Doch zu seiner Zeit war die Zeche auf dem höchsten Stand der Technik. Heute liefert eine Firma im Triple Z, dem Gründerzentrum auf der Schachtanlage 4/5/11, Technik auf dem neusten Stand. Denn die Gebäude beherbergen ein Unternehmen, das auf dem Spezialgebiet der Verfahrenstechnik zur Eliminierung von Siloxanen aus Klär- und Biogas Marktführer ist: die Siloxa Engineering AG, gegründet 1998. Sie arbeitet im Bereich Reinigung

WOLFGANG DOCZYCK

In the past the colliery was responsible for a good deal of pollution in the area, although it made use of the latest technology available at the time. Today, cutting-edge technology is provided by one of the companies in the Triple Z (founder's center at shaft 4/5/11), home to Siloxa Engineering AG, which was founded in 1998 and is one of the market leaders in process technology for the elimination of siloxanes from sewage gas and biogas. The firm specialises in the worldwide cleaning and decontamination of biogas,

Siloxane eliminieren die Maschinen der Siloxa Engineering AG aus Klär- und Biogas. Vorstand der Firma ist Wolfgang Doczyck.

Cleaning and conditioning systems developed by Siloxa Engineering AG remove siloxanes from sewage gas and biogas. Wolfgang Doczyck is CEO of the company.

Wolfgang Doczyck, Vorstand der Siloxa Engineering AG, lobt die Arbeitsatmosphäre in den alten Werkshallen, in denen heute das Gründerzentrum Triple Z untergebracht ist.

Wolfgang Doczyck, CEO of Siloxa Engineering AG, is full of praise for the work climate at the founder's center Triple Z.

und Aufbereitung von Bio-, Klär-, Deponie- und Grubengas international. Die Siloxa-Anlagen sind modular aufgebaut. Die einzelnen Module lassen sich komplett fertig in den Gaspfad einfügen. „Die Arbeitsatmosphäre hier auf Triple Z ist gut, die Räume sind attraktiv und ungewöhnlich. Die Gebäude mit den roten Steinen sehen nicht so modern aus, sondern zeugen noch von der alten Industrie", beschreibt Vorstand Wolfgang Doczyck das besondere Flair. Auch Kunden, die aus vielen Ländern kämen, schätzten die Atmosphäre hier im Essener Norden. Siloxa ist gewachsen in den letzten Jahren, kürzlich sind weitere Räume angemietet worden. „Das wird die nächsten fünf Jahre reichen", so Doczyck. Viel könne hier auf Triple Z abgesprochen werden, Mieterwünsche würden berücksichtigt. „Die Arbeitsbedingungen sind sehr gut."

sewage gas, gas from landfill sites and methane. Siloxa's equipment is modular in structure, and individual modules can be inserted as a finished product in the gas path. "The working atmosphere here at Triple Z is good," says company director Wolfgang Doczyck." The premises are attractive and unusual. The red stone buildings don't look very modern and act as a reminder of the site's industrial past." Customers from many different countries are impressed by the atmosphere here in the north of Essen, he adds. Siloxa has grown in the last few years, and the firm recently took out a lease on additional premises at the site. "That will do us for the next five years," says Doczyck, noting that it was possible to negotiate on many issues at Triple Z and that tenants' wishes are always taken into consideration. "The working conditions are very good."

Um die Nutzung des faszinierenden SANAA-Gebäudes kümmert sich Susanne Scheel.

Susanne Scheel is in charge of organising activities at the remarkable SANAA Building.

SUSANNE SCHEEL

Einfach nur ein Büro ist das von Susanne Scheel nicht. „Dies Gebäude war früher eine Elektrowerkstatt. Dach und Fach sind saniert, Wände eingezogen, es musste isoliert werden“, beschreibt sie die Halle 6 des Schachtes XII, in dem die Stiftung Zollverein sitzt. Die Räume sind großzügig, hoch, machen neugierig. Susanne Scheel kümmert sich um Veranstaltungen und die Vermietung der Hallen 2, 5, 6, der Mischanlage, des „Palace of Projects“ im ehemaligen Salzlager – und des SANAA-Gebäudes. „Hier zu arbeiten, ist spannend, das Gelände ist vielschichtig, hier sitzen viele unterschiedliche Unternehmen, mit denen wir Projekte und Veranstaltungen gemeinsam gestalten.“ Die Räume würden zumeist von Firmen angemietet.

SUSANNE SCHEEL

Susanne Scheel's workplace is more than just an office. "Originally, the building was used as an electrical workshop. The roof and the external structure have been renovated, partition walls fitted and the whole lot insulated," she observes with regard to Shaft XII, Hall 6, where the Zollverein Foundation is based. The premises are quite large and high. They make you curious. Susanne is responsible for events and for the letting of Halls 2, 5 and 6, the mixing plant, the "Palace of Projects" in the former salt warehouse, and the SANAA Buildig. "Working here is exciting. The site is extremely varied, and there are so many different companies we can work with to make things happen." Most of the premises are leased by com-

„Sie sind inzwischen sehr begehrt.“ Das SANAA-Gebäude gehört für Susanne Scheel zu den schönsten Orten auf Zollverein. „Es ist faszinierend, wenn man mit dem Aufzug hochfährt ins erste Obergeschoss, sich nach links wendet – und sich dann der Raum öffnet. Führe ich Besucher dorthin, dann lasse ich sie hineingehen, sage nichts, die meisten sind total begeistert. Natürlich bleibt die Architektur immer Geschmackssache, manchen ist das zu viel Beton, aber es ist ein einzigartiges Raumerlebnis.“ Vermietet wird das SANAA-Gebäude nicht an Privatpersonen. „Es steht für Tagungen im Zusammenhang mit Bildung und Weiterbildung für Unternehmen zur Verfügung“, sagt Susanne Scheel, die ihren Magister in Film- und Fernsehwissenschaften absolviert hat, sich dann auf die Veranstaltungsorganisation und Raumvermietung verlegt hat.

„Der Ort, wo man dies tut, spielt für mich eine große Rolle – und Zollverein hat einfach ein unglaubliches Flair.“

panies, she explains. “This is now a very sought-after location.” For Susanne, the SANAA Building is one of the most attractive places at Zollverein. “It’s fascinating when you take the lift up to the first floor, turn left and see the whole room open up before you. If I take visitors there, I just let them go in without saying anything. Most of them are completely amazed. Of course, architecture is a matter of individual taste, and for some it’s simply too much concrete. Whatever the case, it’s a unique spatial experience.” The SANAA Building cannot be rented by private individuals. “It is available for companies who wish to organise training or professional development courses,” says Susanne, who graduated in film and television studies before moving into event organisation and venue rentals. “For me, the location for all this is very important, and Zollverein has such incredible style.”

Susanne Scheel schätzt die besondere Atmosphäre in den Räumen auf Zollverein.

Susanne Scheel appreciates the special atmosphere at Zollverein.

KOHLENWÄSCHE UND RUHR MUSEUM

Von Megatonnen Gestein gezeichnet sind die Innenwände der Kohlenwäsche der Schachtanlage XII. Bis zu 24000 Tonnen Steinkohle wurden hier früher täglich mittels Wasser von dem Gestein getrennt, dann sortiert, klassiert, zwischengespeichert und verteilt. Dieser Raum mit gewaltigen Maschinen und vielen Bunkern beherbergt heute auf einer Fläche von 5000 Quadratmetern das Ruhr Museum, das die Natur- und Kulturgeschichte der Region zeigt – von der Kreidezeit über die Geschichte der Städte bis hin zum Ergebnis der 150 Jahre Industrie an Ruhr und Emscher. Das Ruhr Museum ging hervor aus dem ehemaligen Ruhrlandmuseum,

COAL WASHING PLANT AND RUHR MUSEUM

Megatons of stone dominate the interior walls of the coal washing plant at Shaft XII, where once up to 24,000 tons of coal per day were separated from rocks using water, before being sorted, classified, stored and then distributed. This area, with its enormous machines and several bunkers, now houses the Ruhr Museum, which covers 5,000 square metres and showcases the natural and cultural history of the region – from the Cretaceous period to the history of towns and cities, up to the 150 years of industry in the Ruhr and Emscher region. The Ruhr Museum has based its geology, archaeology, history and photography collections on those of the former

Eröffnung einer Ausstellung im Ruhr Museum.

Opening of an exhibition at the Ruhr Museum.

Das Treppenhaus des niederländischen Architekten Rem Koolhaas verbindet die Ausstellungsebenen des Ruhr Museums.

A staircase designed by the Dutch architect Rem Koolhaas connects the exhibition levels of the Ruhr Museum.

Deutschlands längste freistehende Außenrolltreppe führt zum Besucherempfang des Ruhr Museums in der ehemaligen Kohlenwäsche.

The longest free-standing exterior escalator in Germany leads to the reception area of the Ruhr Museum, housed in the former coal washing plant.

das mit seinen Abteilungen Geologie, Archäologie, Geschichte und Fotografie zu den ältesten Museen des Ruhrgebietes gehörte. Als klassisches Industriemuseum versteht sich das Ruhr Museum indes nicht. Denn die Konzepte beziehen Bilder, Klänge, Geräusche mit ein, setzen auf Assoziationen und Erleben mehr als auf Chronologie. An anderer Stelle liefern Transmitter typische Gerüche und Geräusche.

Das Museumsgebäude ist mit 90 Metern Länge, 30 Metern Breite und 40 Metern Höhe das größte Übertagegebäude des Welterbes Zollverein. Erbaut wurde es von Fritz Schupp und seinem Kollegen Martin

Ruhrland Museum, which was one of the oldest museums in the Ruhr region. However, the Ruhr Museum is no ordinary industrial museum. The exhibitions draw on images and sound, focusing on associations and experiences rather than chronological presentation. In some areas, transmitters recreate typical working noises and smells.

At 90 metres long, 30 metres wide and 40 metres tall, the museum building is the largest surface building of Zollverein, now a UNESCO World Heritage Site. It was built by Fritz Schupp and his colleague Martin Kremmer. The thin steel-frame façade was designed to protect the machinery from

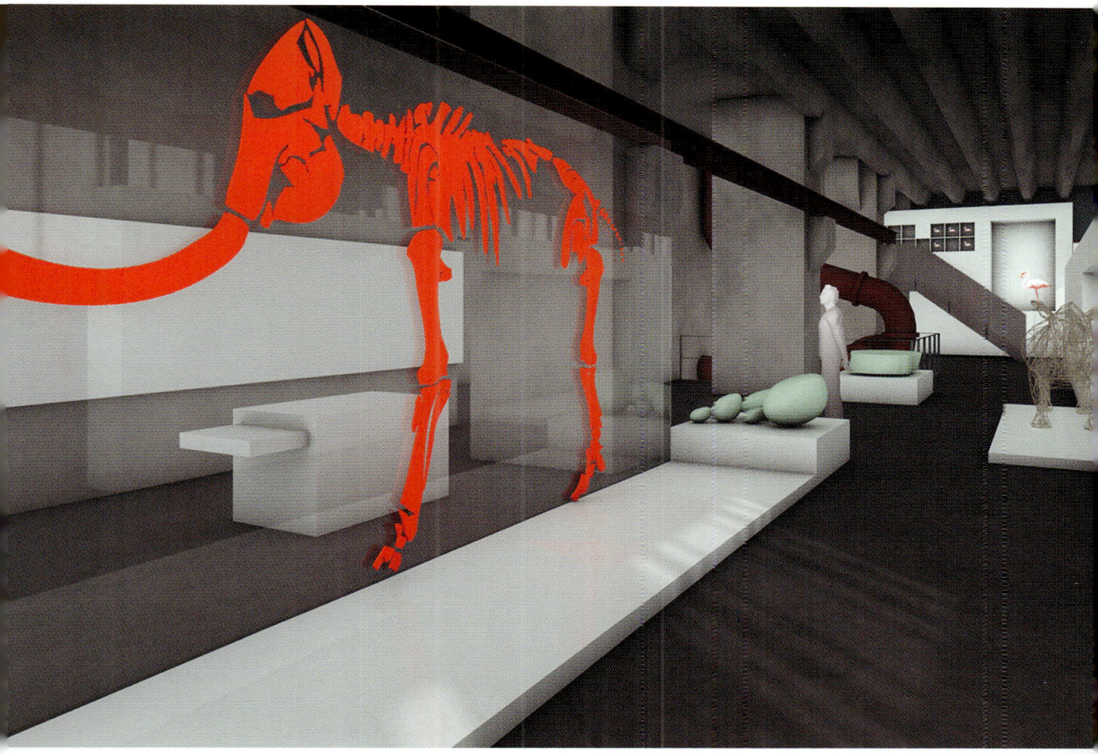

Raumentwurf von Ausstellungsarchitekt H.G. Merz im Ruhr Museum.

Interior design by exhibition architect H.G. Merz at the Ruhr Museum.

Kremmer. Die dünne Stahlfachwerkfassade, die die riesige Maschine innen vor dem Wetter schützte, war den schweren Erschütterungen durch die Siebe und Setzmaschinen hervorragend gewachsen. Das Stahlfachwerk verbanden die Architekten mit Beton. Wichtig war dem Duo die Proportionierung des Stahlfachwerks. Es entstanden horizontal langgestreckte Gefachfelder mit einer Länge von teils mehr als fünf Metern. Die für die 1920-er-Jahre-Architektur typischen Fensterbänder prägen auch die Kohlenwäsche.

Sieben Ebenen hat dies unter Denkmalschutz stehende Gebäude. Die Architekten Rem Koolhaas aus Rotterdam sowie

the elements, and easily withstood the heavy vibrations of the sieve and the wash box. The steel framework was filled with concrete. The architects wanted to ensure that this framework was constructed in harmonious proportions, and created horizontal, rectangular bays, some of which were over five metres long. The coal washer also features ribbon windows typical of 1920s architecture.

The seven-storey listed building was converted by architects Rem Koolhaas from Rotterdam and Heinrich Böll and Hans Krabel from Essen between 2003 and 2006, winning the German Architecture Prize in 2007. They painstakingly renov-

Panorama vom Ruhr Museum links bis zum Fördergerüst über Schacht XII.

Panoramic view from the Ruhr Museum on the left to the Shaft XII head frame.

Heinrich Böll und Hans Krabel aus Essen bauten es von 2003 bis 2006 um, erreichten damit die Anerkennung zum Deutschen Architekturpreis 2007. Die Fassade und die Maschinen wurden aufwändig saniert und restauriert, moderne Technik und Versorgungseinrichtungen kamen hinzu. Die Architekten erschlossen den Raum von oben nach unten – entsprechend dem ursprünglichen Produktionsfluss. Eine verglaste, 55 Meter lange und freistehende Rolltreppe führt als Gangway auf der Ostseite die Besucher direkt ins Herz der ehemaligen Aufbereitungsanlage, auf die 24-Meter-Ebene mit dem internationalen Besucherzentrum Ruhr inklusive Café, Shop und Ticketschalter.

ated and restored the façade and machinery, adding the latest technology and utility services. The resulting space flows from top to bottom, reflecting the original production process. A 55-metre-long free-standing glazed escalator on the east side of the building takes visitors up 24 metres above ground into the heart of the former coal washing facility – now an international visitor centre, where the café, shop and ticket booth are located.

The levels above this, housing much of the original machinery, form part of Zollverein's Heritage Trail, which is detailed below. The level immediately above the visitor centre houses the Portal of Industrial Heritage, which provides information

Die darüber gelegenen Ebenen mit zu großen Teilen erhaltenem Maschinenbestand sind Teil des Denkmalpfades Zollverein, der noch erläutert wird. Auf der 30-Meter-Ebene befindet sich das Portal Industriekultur, das über die Landschaft der Industriemuseen und -denkmäler in NRW sowie den Strukturwandel informiert. So ist in den beiden ehemaligen Rundeindickern ein Filmraum eingerichtet, in dem 360-Grad-Projektionen der Metropole Ruhr zu sehen sind. Zu sehen ist auch eine Fläche mit den Konturen des Ruhrgebietes, darüber sind Modelle von Orten der Route der Industriekultur und Objekte. Die Installation breitet sich über die gesamte Höhe des Treppenhauses aus.

about industrial museums and monuments in North-Rhine Westphalia, as well as the structural transformation of the colliery. The theme is continued in the two circular thickeners, one of which features a film room in which 360-degree projections depict the metropolis Ruhr. There is also an area displaying the contours of the Ruhr-district, with models of towns and cities on the European Route of Industrial Heritage and objects. This installation extends to the full height of the staircase.

On the next level, 38 metres above ground, a roof terrace and the Erich Brost pavilion round off the visitor experience and offer a breathtaking panoramic view of the surrounding area.

So werden geologische Bodenfunde in den ehemaligen Kohletrichtern präsentiert.

Geological finds displayed in a former coal hopper.

Eine Dachterrasse und der Erich-Brost-Pavillon auf der 38-Meter-Ebene runden das Raumerlebnis ab. Von ganz oben hat der Besucher einen herrlichen Panoramablick.

Die Ausstellung des Ruhr Museums passt sich dem ehemaligen Produktionsfluss an: Findet sich oben die Gegenwart, so dringt der Besucher nach unten hin immer tiefer in die Vergangenheit der Region ein – bis er den Schwämmen aus der Kreidezeit gegenübersteht.

Auf der Sechs-Meter-Ebene erzählt der historische Hauptteil der Dauerausstellung die Geschichte des Ruhrgebiets als Industrieregion von ihren Anfängen im achten Jahrhundert bis zur Gegenwart. Er folgt der Erzählstruktur des klassischen Schauspiels mit fünf Akten plus Vorspann und Ausblick. Der Raumeindruck ist geprägt von den 96 mächtigen Betonpfeilern, die den Raum unterteilen, aber auch lange Sichtachsen zulassen.

Die Zwölf-Meter-Ebene ist die Bunkerebene. Sie bietet Platz für Wechselausstel-

The exhibition areas of the Ruhr Museum reflect the sequence of the former production flow. While the top levels focus on the present, as the visitors move down they immerse themselves deeper and deeper into the region's past, right down to the sponges of the Cretaceous period.

The six-metre level is the main historical section of the permanent exhibition, which depicts the industrial history of the Ruhr region, from its beginnings in the 8th century up to the present day. The information unfolds following the narrative structure of a classical play, with five acts, a prologue and an epilogue. The space is dominated by 96 enormous concrete pillars, which divide the room while allowing long visual axes.

The 12-metre level is the bunker level, which provides space for temporary exhibitions and a section dedicated to the subject of "memory". Visitors have the opportunity to discover local and regional traditions, some of which still survive

Auf dem Weg in die Ruhrgebietsgeschichte. Die Rolltreppe zum Ruhr Museum.

The Ruhr district: travelling back through time; escalator leading to the Ruhr Museum.

lungen und das Thema „Gedächtnis“. Lokale und regionale, teils vergessene, teils noch gelebte Traditionen erschließen sich dem Besucher. Die Bunker fungieren als „kulturelle Speicher“, die jeweils ein Thema der vorindustriellen Zeit behandeln, wie das Ruhrgebiet während der römischen Kaiserzeit, die Zeit der Klöster oder die Geschichte der Hanse.

Um die Gegenwart geht es in 17 Metern Höhe. Persönliche Objekte zeigen die subjektive Sicht der Bewohner auf ihre Region. Es geht aber nicht nur um die Erinnerung, sondern auch um Strukturen. Karten sind zu sehen, Sozial- und Wirtschaftsstrukturen werden beleuchtet. Auf der Ebene 0 befindet sich das Depot des Ruhr Museums.

Das großzügige, atmosphärisch beleuchtete Treppenhaus im Kokskohlebunker widmet sich den Mythen und Klischees, die im Laufe der Jahrhunderte entstanden sind, wie dem Krupp-Mythos, dem Ruhrgebiets-Fußball und dem Mythos Arbeit.

today, while others are long forgotten. The bunkers function as “cultural reservoirs”, each focusing on a theme from the pre-industrial period, such as the Ruhr region during the Roman Imperial Period, the age of the monasteries and the history of the Hanseatic League.

At 17 metres above ground, the exhibition concentrates on the present day. Personal objects provided by local residents give an insight into how they view their region. As well as the subject of remembrance, the exhibition also deals with “structures”, displaying maps and illustrating social and economic structures. Level 0 is where the depot of the Ruhr Museum is located.

The extravagant staircase in the coking coal bunker with its atmospheric lighting is dedicated to the myths and stereotypes that have developed over the centuries, such as the Krupp legend, football in the Ruhr region, and the myth of work.

SANAA-GEBÄUDE

Die Zollverein School of Management and Design bezog nach einer knapp vierjährigen Planungs- und Bauphase im Jahr 2006 das von den beiden japanischen Architekten Kazuyo Sejima und Ryue Nishizawa des Büros SANAA entworfene Gebäude. Es ist der erste Neubau seit 50 Jahren auf dem Welterbe Zollverein – und ein architektonischer Blickfang. Der helle, ungewöhnliche Kubus ist das erste realisierte Projekt des japanischen Architekturbüros SANAA in Europa. Mit ihrem Entwurf hatten die Architekten den 2002 ausgeschriebenen internationalen Architekturwettbewerb für den Neubau der Zollverein School für sich entschieden. Konsequent im Hinblick auf das Konzept der Weiterbildungsinstitution haben die Architekten mit dem Generalplanerteam

SANAA BUILDING

In 2006, following a phase of planning and construction lasting almost four years, Zollverein School of Management and Design moved into a building designed by Kazuyo Sejima and Ryue Nishizawa from the Japanese architects office SANAA. The first new building in 50 years on the Zollverein World Cultural Heritage site was an eye-catching piece of architecture. The remarkable cube was also the first project in Europe carried out by the Japanese team at SANAA; it was their design that prevailed in the international architectural competition to construct a new building for Zollverein School of Management and Design which was announced in 2002. Keeping sight of the concept of an educational institution, the architects came up with the impressive structure in partner-

Imposant sind die riesigen Räume des SANAA-Gebäudes.

The vast rooms of the SANAA Building are quite impressive.

Die Architektur des SANAA-Gebäudes ist einzigartig.

The unique architecture of the SANAA Building is well worth seeing.

5000 Quadratmeter Nutzfläche gibt es in den SANAA-Gebäude.

The SANAA Building boasts a floor space of 5000 square metres.

SANAA/Böll, dem Bauherrn, der Entwicklungsgesellschaft Zollverein mbH, dem ersten Nutzer, der Zollverein School of Management and Design sowie Fachingenieuren ein beeindruckendes Gebäude entwickelt. Der Neubau ist eine Referenz an die umliegenden Gebäude der ehemaligen Zeche und besitzt dennoch einen unverkennbar eigenen Charakter. Mächtig und leicht mutet der hellgraue Kubus an. Der 34 Meter hohe Bau hat eine Grundfläche von 35 x 35 Metern. Einzigartig ist die innere Struktur, die aus fünf Ebenen – vier Geschosse zuzüglich Dachgarten – mit jeweils unterschiedlichen Raumhöhen besteht. Ein Großteil der rund 5000 Quadratmeter Nutzfläche ist offener Raum. Reduktion bestimmt die Raumatmosphäre. Wenige tragende Elemente und die Verlegung sämtlicher Haustechnik in die Wände und Decken betonen die Konzentration auf das Wesentliche.

ship with the SANAA/Böll general planning team, the client (Entwicklungsgesellschaft Zollverein mbH), the first user (Zollverein School of Management and Design) and specialist engineers. The cube reflects the surrounding buildings of the former colliery, yet retains a distinctive character of its own. The pale grey cube is at once monumental and lightweight, extending to a height of 34 metres on a base of 35 x 35 metres. The interior of the structure is unique: the five levels (four floors and a rooftop garden) each contain rooms of different ceiling heights. Most of the 5,000 or so square metres of effective area is open plan, and the atmosphere inside the building is best described by the term 'reduction': with few supporting elements and the building technology concealed in the walls and ceilings, the focus on the fundamentals is sharpened.

Eine Besonderheit stellt die aktive Wärmedämmung der einschaligen Sichtbetonfassade dar. In die Betonwandkonstruktion ist ein mäanderförmiges Rohrsystem eingelegt. Es wird von 28 Grad warmem Wasser durchströmt, das aus Grubenwasser gewonnen wird. Dadurch konnte die Dicke der Außenwand um etwa 20 cm auf 30 cm reduziert werden. Die 134 Fensteröffnungen der Außenfassade in vier unterschiedlichen Größen erscheinen wie zufällig angeordnet, sind jedoch genau auf die Lichtsituation im Inneren abgestimmt. Je nach Position des Betrachters gestatten die Fensteröffnungen von außen überraschende Durchblicke durch das Gebäude, von innen wirken sie wie Rahmen, die die Umgebung als momentane Bilder erscheinen lassen.

Neben der Zollverein School of Management and Design, die zum 31. Dezember 2008 ihre Geschäftstätigkeit beendet hat, wird das Gebäude von der IREBS Immobilienakademie sowie für Veranstaltungen wie Ausstellungen und Kongresse genutzt. Es ist geplant und von allen Beteiligten gewollt, dass der Fachbereich Gestaltung der Folkwang Hochschule mit seinen rund 600 Studierenden in den Kubus und weitere, im Bereich der designstadt zu errichtende Gebäude von insgesamt ca. 12000 qm Bruttogeschossfläche auf Zollverein zieht. Mit dem Beginn dieses Umzugs wird noch in 2009 gerechnet. Nach den Neubauten soll ab 2012 der gesamte Lehrbetrieb des Fachbereiches auf Zollverein stattfinden.

One special feature of the building is active thermal insulation through the single-layer, exposed concrete façade. A meandering system of pipes through which flows pit water heated to 28°C is concealed in the concrete wall structure. This enabled the thickness of the outer wall to be reduced by about 20 cm to 30 cm. On the outer façade, the 134 window openings of four different sizes appear to be dispersed around the building at random, but are in fact precisely aligned to meet lighting needs on the inside. To visitors looking in from the outside, the windows offer exciting views straight through the interior, whilst seen from the inside, they seem like frames, capturing the surroundings like fleeting pictures.

Aside from Zollverein School of Management and Design, which ceased its business operations on 31st December 2008, the building is used by the IREBS real estate business school and also hosts special events such as exhibitions and conferences. The current plan, which has the support of all involved parties, is for the design faculty of the Folkwang Hochschule, with its 600 or so students, to take up residence in the cube as well as other buildings with an approximate gross floor area totalling 12,000 square metres which are due to be erected on the site of the Zollverein design city. The relocation programme is scheduled to start before the end of 2009. When the new structures have been completed in 2012, all faculty teaching will take place at Zollverein.

DIE BUNTE WELT DES DESIGN:

EIN ROTER PUNKT ADELT DIE PRODUKTE

Das Design Zentrum NRW operiert inzwischen weltweit

Das Design Zentrum Nordrhein-Westfalen gilt als Tagungsort der besonderen Art. Der britische Architekt Lord Norman Foster, dessen Handschrift auch der sanierte Reichstag in Berlin trägt, baute das ehemalige Kesselhaus auf Zollverein zu einem modernen Ausstellungs- und Veranstaltungsort um. Im Kern des Gebäudes wurden Teile der riesigen Kesselan-

THE COLOURFUL WORLD OF DESIGN

RED DOT HONOURS PRODUCT DESIGN

The Design Zentrum NRW goes global

The Design Zentrum Nordrhein-Westfalen is a very special meeting place. It was British architect Lord Norman Foster – also responsible for the restored Reichstag building in Berlin – who converted the former boiler house of Zollverein into a modern venue for exhibitions and special events. Sections of the massive boiler plant have been retained in the heart of

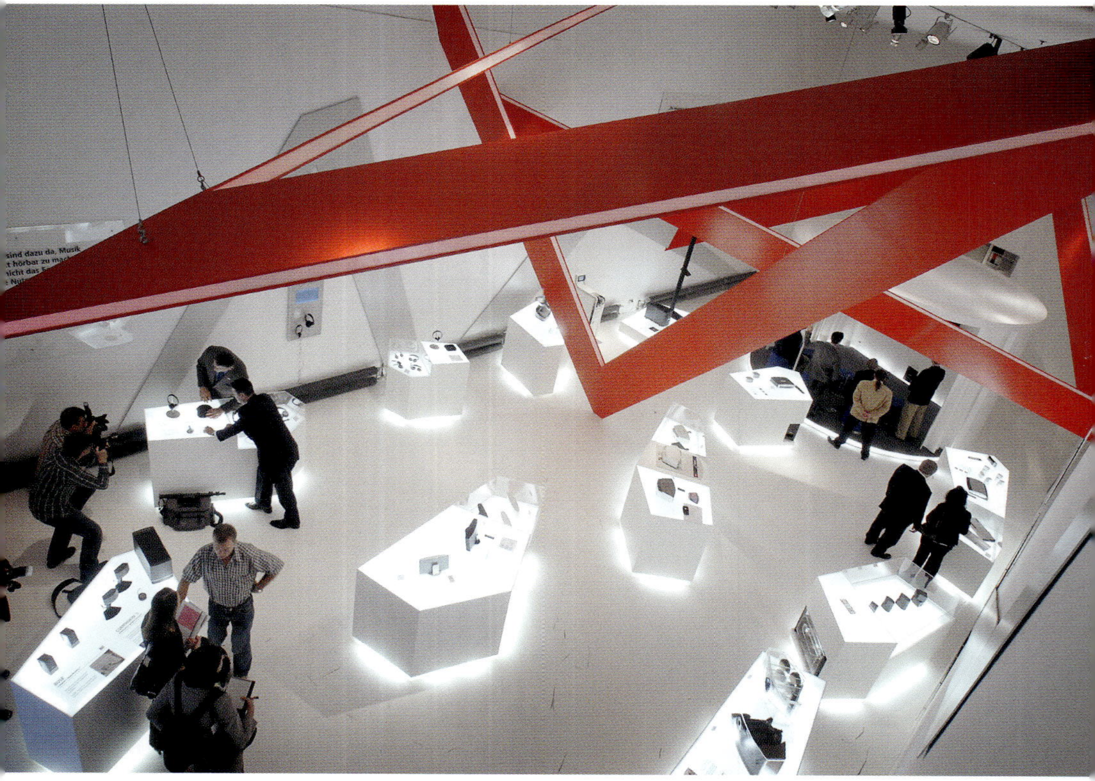

Präsentation von ausgezeichneten Designprodukten in der White Box des red dot design museum.

Presentation of award-winning designs in the "White Box" of the red dot design museum.

lage erhalten. Das Ergebnis ist eine außergewöhnliche Kulisse für Tagungen, Präsentationen und Kongresse, ausgestattet mit modernster Technik. Das Eventmanagement im Haus stellt den reibungslosen Ablauf einer jeden Veranstaltung sicher. Das Design Zentrum Nordrhein-Westfalen, gegründet 1954, gilt als eines der weltweit renommiertesten Design-Institutionen. Der zu den international führenden Design-Wettbewerben zählende „red dot award" ist das Aushängeschild des Design Zentrums. Im „red dot award" werden herausragende Designprodukte mit dem Gütesiegel „red dot" prämiert. Zusätzlicher Publikumsmagnet ist die ständige Designausstellung im „red dot design museum" im Design Zentrum NRW.

the building, thus creating an exceptional setting for meetings, presentations and conferences – and one equipped with the latest technology, with an in-house management team to ensure the smooth running of every event. Founded in 1954, the Design Zentrum NRW is one of the world's most reputable design institutions. Its flagship initiative is the 'red dot award', a prominent international design competition that confers the 'red dot' hallmark of excellence on outstanding design products. The permanent design exhibition at the red dot design museum located within the Design Zentrum NRW is also popular with the general public.

Edelstahl-Einbaugeräte-System mit red-dot-Auszeichnung.

A world of stainless steel: appliances with red dot award.

red dot design-Museumsdirektor Peter Zec mit der ausgezeichneten Designerin Kirsten Dietz.

Peter Zec, Director of the red dot design museum, and award-winning designer Kirsten Dietz.

Peter Zec

Chef des Design Zentrums, Manager und Inhaber des „red dot" ist der weltweit renommierte Prof. Dr. Peter Zec. Der studierte Medienwissenschaftler ist seit Mai 2001 als Geschäftsführender Gesellschafter der red dot GmbH & Co. KG tätig. Bereits seit 1991 ist Prof. Dr. Zec Geschäftsführender Vorstand des international renommierten Design Zentrums Nordrhein-Westfalen. 1993 nahm er eine Professur für Wirtschaftskommunikation an der Fachhochschule für Technik und Wirtschaft Berlin an. Von 1986 bis 1988 war Prof. Zec als Leiter des Fachbereichs „Bild" maßgeblich an der Planung des in Karlsruhe entstandenen Zentrums für Kunst und Medientechnologie (ZKM) beteiligt. Vor seiner Tätigkeit beim Design Zentrum arbeitete Peter Zec als Ge-

Peter Zec

The internationally distinguished Professor Peter Zec is the head of the Design Zentrum Nordrhein-Westfalen and the manager and owner of red dot. The media science specialist has been the managing partner of red dot GmbH & Co. KG since May 2001. Professor Zec has also acted as the chief executive of the globally renowned Design Zentrum since 1991. In 1993 he accepted the professorship of Business Communication at the Berlin University of Applied Sciences. Between

Wichtiges Merkmal der Zollverein-Architektur ist die Symmetrie wie beim Eingang des design museums.

The entrance to the design museum is a perfect example of the symmetry that forms a focal point of Zollverein's architecture.

schäftsführer des Bundes Deutscher Grafik-Designer (BDG) und des Verbandes Deutscher Industrie Designer (VDID). Seit über 15 Jahren ist Peter Zec als Kommunikations- und Designberater zahlreicher in- und ausländischer Unternehmen tätig. Weltweit hat er mit Vorträgen in über 30 Ländern große Anerkennung erlangt.

Als ein exzellenter Kenner der deutschen und internationalen Designszene ist er Herausgeber des „red dot design yearbook" und des „Internationalen Jahrbuches für Kommunikationsdesign". In den vergangenen Jahren sind von ihm u. a. folgende Bücher erschienen: Informationsdesign. Die organisierte Kommunikation (1988). Design goes virtual! – Entwürfe zur Ästhetik in der Informationsgesellschaft (1996). German Design Standards (1997). Mit Design auf Erfolgskurs. Strategien, Prozesse, Konzepte (1998). Good Design. Produkt, Kultur und Lebensform (2000), Orientierung im Raum (2002), Hall of Fame. Companies Searching for Excellence in Design (2003), Who's Who in Design (2004). Im Herbst 2003 wurde er zum „president elect" des internationalen Designdachverbandes ICSID (International Council of Societies of Industrial Design) gewählt, im Herbst 2005 trat er sein ehrenamtliches Amt als Präsident von ICSID an. Peter Zec lebt in Essen und Berlin.

1986 and 1988, Professor Zec played a central role in planning for Karlsruhe Center for Art and Media (ZKM) in his capacity as head of the Image faculty. Before taking up his post at the Design Zentrum NRW, Peter Zec worked as managing director of both the Association of German Graphic Designers (BDG) and the Association of German Industrial Designers (VDID). Peter Zec has advised numerous companies at home and abroad on communication and design matters for over 15 years. He has achieved significant recognition through lectures delivered in more than 30 countries.

With his considerable expertise in the German and international design scene, Peter Zec publishes the 'red dot design yearbook' as well as the 'international yearbook communication design'. Books he has published in recent years include:
Informationsdesign. Die organisierte Kommunikation (1988) Design goes virtual! - Entwürfe zur Ästhetik in der Informationsgesellschaft (1996)
German Design Standards (1997)
Mit Design auf Erfolgskurs. Strategien, Prozesse, Konzepte (1998)
Good Design. Produkt, Kultur und Lebensform (2000)
Orientierung im Raum (2002)
Hall of Fame. Companies Searching for Excellence in Design. (2003)
Who's Who in Design (2004).
In autumn 2003, he became president elect of the ICSID (International Council of Societies of Industrial Design). In autumn 2005, he took up the honorary post of president of the ICSID. Peter Zec lives in Essen and Berlin.

Sabine Schnedler, Pressesprecherin Design Zentrum Nordrhein-Westfalen, vor der Chaiselongue Yin Yang.

Sabine Schnedler, press spokeswoman Design Zentrum Nordrhein-Westfalen, in front of the Yin Yang chaise longue.

Das Museum

Das red dot design museum ist einmalig. Es zeigt die weltweit größte und wohl auch ungewöhnlichste Ausstellung zeitgenössischen Designs. Auf mehr als 4000 qm Fläche werden rund 1500 Produkte aus aller Welt präsentiert – allesamt ausgezeichnet mit dem red dot. Die Namen der Designer und Unternehmen lesen sich wie ein Who's Who des Designs. Und das alles in der atemberaubenden Architektur des früheren Kesselhauses.

Armbanduhr oder Accessoire, Mobiltelefon oder Fernsehgerät, Küchenmaschine oder Automobil. – Jeder von uns besitzt eine Vielzahl unterschiedlichster Gegenstände. Und jeder dieser Gegenstände ist ein lebendes Beispiel unserer Alltags- und Produktkultur. In jedem Jahr wird das red dot design museum von über 140 000 Menschen besucht, die sich hier ausgezeichnetes Design für alle Bereiche des täglichen Lebens, wie Küchengeräte, Wohnmöbel, Autos, Büroeinrichtungen, Modeaccessoires oder Werkzeuge ansehen.

The museum

The red dot design museum is unique in exhibiting the world's largest (and surely most unusual) collection of contemporary designs. Around 1,500 products from all corners of the globe – all bearing the red dot – are showcased in a museum spanning more than 4,000 square metres. The names of their associated designers and companies amount to a Who's Who of design – and the architecture of the former boiler house provides a breathtaking backdrop to the whole ensemble.

All of us own a wide range of diverse objects, from wristwatches and accessories to mobile phones, televisions, food processors and cars. Every one of these items stands as a tangible example of our day-to-day product culture. The red dot design museum attracts over 140,000 visitors each year, who come to appreciate superb design as applied to all areas of everyday life, including kitchen appliances, household furniture, cars, office equipment and fixtures, fashion accessories and tools.

UNGEWÖHNLICHE RÄUME AUF ZOLLVEREIN

Die Schachtanlage XII war mit einer Förderleistung von 12000 Tonnen verwertbarer Kohle täglich nicht nur über Jahrzehnte die leistungsstärkste Tiefbauzeche der Welt, sondern mit den einheitlich roten Backsteinfassaden im Stahlfachwerk auch die schönste Steinkohlenzeche weltweit, erbaut 1928 bis 1932 im Auftrag der „Vereinigten Stahlwerke" vom Essener Architekten Fritz Schupp und seinem Berliner Kollegen Martin Kremmer. Architektonisch ist die Zeche im Stil der Neuen Sachlichkeit und vollkommen funktional gehalten. Strenge Symmetrie und Geometrie dominieren die kubischen Gebäude und auch deren Anordnung auf dem Gelände. Die Bauten verlaufen an parallelen Linien, bilden zwei sich rechtwinklig kreuzende Achsen. Am Anfang der Produktionsachse

ZOLLVEREIN – A UNIQUE SETTING FOR EVENTS

With an output of 12,000 tons of usable coal per day, Shaft XII was the most productive shaft mine in the world for decades, but it was also considered the most beautiful worldwide. Featuring uniform red-brick façades and steel trusses, it was built by Essen architect Fritz Schupp and his Berlin-based colleague Martin Kremmer for Vereinigte Stahlwerke between 1928 and 1932. Architecturally, the mine was constructed in the New Objectivity style and was completely functional. Strict symmetry and geometry dominate the cube-shaped buildings and determine their positioning on the site. The buildings run in parallel lines, forming two axes that cross each other at right angles. At one end of the production axis stands the 55-metre-high winding tower. A 106-metre-

Panorama mit Kokerei vom Dach des Ruhr Museums aus gesehen.

ragt das 55 Meter hohe Fördergerüst hervor. Am Ende der Versorgungsachse stand der 106 Meter hohe, 1981 abgerissene Kamin des Kesselhauses. Die Räume auf Zollverein haben ihr ganz eigenes Flair. Wo einst schwerst gearbeitet wurde, gibt es heute exklusiven Platz für besondere Ereignisse in einzigartiger Atmosphäre – gleich ob beim Heiraten in der Sieberei, der stilvollen Feier oder Tagung im Casino Zollverein.

DER SCHLAFENDE RIESE: DIE KOKEREI

„Wir wollen so schnell wie möglich loslegen und auf dem ehemaligen Standort der Kokerei Zollverein das erste Bauprojekt starten. Unser Unternehmenssitz soll in Zukunft auf dem Weltkulturerbe stehen", sagte Prof. Dr. Hans-Peter Noll, Vorsitzender der Geschäftsführung der RAG Montan Immobilien GmbH. „Damit wir die gemeinsamen Pläne auf Zollverein realisieren können, müssen jetzt die planungsrechtli-

high boiler house chimney used to stand at the end of the supply axis, which was demolished in 1981. The rooms available for events at Zollverein have their own individual flair. What was once a scene of heavy labour is now an exclusive location for special events in a unique setting – whether a wedding in the sieving plant, a stylish party or a conference in the Zollverein Casino.

THE SLEEPING GIANT: THE COKERY

"We want to get started as soon as possible and launch our first building project at the old Zollverein cokery. The aim is to set up our head office at the world heritage site," says Prof. Dr. Hans-Peter Noll, Managing Director of RAG Montan Immobilien GmbH. "We need to work our way through the planning process so that we can put our joint plans into action at Zollverein," he adds. The Essen-based com-

Panoramic view of the coking plant, as seen from the rooftop of the Ruhr Museum.

Kokerei mit Sonnenrad bei Nacht.

Coking plant and sun wheel late at night.

chen Voraussetzungen geschaffen werden," ergänzte Noll. Das Unternehmen mit Sitz in Essen wird dabei mit dem renommierten, ebenfalls in Essen ansässigen Projektentwickler Kölbl Kruse GmbH kooperieren.

Die konkreten Planungen sind ein Ergebnis der intensiven Zusammenarbeit der RAG Montan Immobilien mit der Stiftung Zollverein, die bei der EXPO REAL per Kooperationsvereinbarung auf den Weg gebracht wurde. Die Kooperation hat das Ziel, zeitnah adäquate Entwicklungs- und Nutzungsmodelle für Teilflächen und teilweise denkmalgeschützte Anlagen auf dem Areal der ehemaligen Kokerei Zollverein zu schaffen. Das Gelände mit rund 40 Hektar Fläche grenzt im Norden direkt an das ehemalige Zechengelände – den Hauptstandort des Welterbes rund um Schacht XII.

pany will be collaborating with well-known project developers Kölbl Kruse GmbH, who are also based in Essen.

The concrete plans are a result of intensive collaboration between RAG Montan Immobilien and the Zollverein Foundation and were made possible by the signing of a partnership agreement at the EXPO REAL commercial property trade fair in Munich. The aim of the partnership is to create suitable and contemporary models for the development and use of specific areas and buildings at the site, some of which have listed monument status. The area covers around forty hectares and to the north borders the former colliery, the main focus of the world heritage site around Shaft XII.

For Hermann Marth, Chairman of the Zollverein Foundation, the project plans de-

Installation auf der Bunkerebene in der Mischanlage der Kokerei Zollverein.

Installation at the bunker level of the mixing plant of Zollverein coking facility.

Das Sonnenrad zwischen Schornstein und Mischanlage.

Sun wheel, installed between chimney and mixing plant.

Hermann Marth, Vorstandsvorsitzender der Stiftung Zollverein, betrachtet die Projektplanungen von RAG Montan Immobilien und Kölbl Kruse auf dem Kokereistandort nicht nur als Erfolg der vereinbarten Kooperation zwischen Grundstückseigentümer und Stiftung. Marth sagte: „Es ist zwingend erforderlich, dass wir diesen Schritt zur Erweiterung und weiteren Attraktivitätssteigerung des Welterbes Zollverein gehen. Denn über die Bedeutung als Kultur- und Tourismusstandort hinaus muss Zollverein auch als Wirtschafts- und Gewerbestandort wachsen, um für die Zukunft gewappnet zu sein.“ Die Entscheidung der RAG Montan Immobilien, den Unternehmenssitz auf das Areal der Kokerei zu verlagern und dies gemeinsam mit Kölbl Kruse realisieren zu wollen, sei ein Zeichen für das Vertrauen in die Stärke des Standortes. Dies könne

veloped by RAG Montan Immobilien and Kölbl Kruse for the former cokery site represent more than just a successful partnership between the landowner and the Foundation: "It is vital that we take this step to expand the Zollverein world heritage site and to make it even more attractive. As well as being an important centre for culture and tourism, Zollverein needs to grow as an industrial and commercial centre to ensure that it can meet the challenges of the future." He sees the decision taken by RAG Montan Immobilien to relocate its head office to the former coking plant and the company's choice of Kölbl Kruse as its project developer as a sign of confidence in the site's future and one that might show a lead to other companies. Around 220,000 square metres are available at the site for new enterprises.

Vorbildfunktion für andere Unternehmen haben. Für die Ansiedlung neuer Betriebe stehen dort rund 220 000 Quadratmeter zur Verfügung.

Für Dr. Marcus Kruse, gemeinsam mit Stephan Kölbl Geschäftsführer von Kölbl Kruse, ist das Vorhaben eine Investition in die Zukunft. „Der Standort Zollverein hat eine Strahlkraft weit über Essen und das Ruhrgebiet hinaus. Deshalb ist für uns die Entscheidung, gemeinsam mit der RAG Montan Immobilien hier ein Zeichen zu setzen, kein Wagnis. Wer hier dabei sein will, muss ein wenig Mut haben, aber vor allem an den Standort glauben. Die Investitionsentscheidung für Zollverein ist uns deshalb leicht gefallen," sagte Kruse. Jetzt werde man gemeinsam mit Stiftung und Grundstückseigentümer alles daran setzen, schnellstmöglich das Planungsrecht auf den Weg zu bringen. Da sei die Stadt gefragt. Im Interesse des Standortes sei hier schnelles und flexibles Handeln notwendig.

RAG Montan Immobilien-Chef Noll wies in diesem Rahmen auf zwei Herausforderungen hin, die derzeit vorrangig geklärt werden müssten: die Themen Erschließung und Kanalsanierung. Hier müsse man auch im Interesse der ansiedlungswilligen Unternehmen den Planungs- und Entscheidungsprozess beschleunigen. „Wir befinden uns im intensiven Dialog mit der Stadt Essen und den Stadtwerken. Wir sind auf einem guten Weg", sagte Noll abschließend.

Hermann Marth betonte, er gehe davon aus, dass sich die Stadt gegenüber konkreten Planungen auf dem Kokereistandort und damit verbunden auch kurzfristigen Investitionen aufgeschlossen zeigen werde. „Die erfolgreiche Weiterentwicklung Zollvereins ist für die Stadt Essen sowohl wirtschaftlich ein Gewinn als auch ein Imagegewinn. Dies hat Auswirkungen weit über die Stadtgrenzen hinaus, für die

For Dr. Marcus Kruse, who sits on the management board of Kölbl Kruse with Stephan Kölbl, the project is an investment in the future. "Zollverein is proving attractive well beyond Essen and the Ruhr, so we don't regard our decision to lead the way here together with RAG Montan Immobilien as a gamble. Those who want to be here just need to have a little courage and above all to believe in their choice of location. For us, the decision to invest in Zollverein was an easy one," says Kruse, who expresses his determination to work with the landowner and the foundation to obtain the relevant planning permits as quickly as possible. As he points out, that lies in the hands of the city planning authorities, who he hopes will act swiftly and flexibly in the interests of the site.

According to RAG Montan Immobilien's managing director Hans-Peter Noll, the two main challenges that need to be prioritised are the issues of site development and repairs to the sewage system. In this regard, he stresses that the planning and decision-making process need to be speeded up in the interests of those companies willing to relocate to the site. "We are holding regular meetings with Essen council and the city utility companies and are making good progress," he concludes.

Hermann Marth takes the view that the city council will be open to concrete plans for the cokery and to providing the associated short-term investment. "The successful further development of Zollverein would enhance the image of the city of Essen as well as providing economic benefits. The impact of the project would be felt well beyond the city itself across the entire Ruhr conurbation, the region and the whole country. There is no other place like it in the world," says Marth.

Metropole Ruhr, das Land und ganz Deutschland. Einen vergleichbaren Ort gibt es auf der ganzen Welt nicht noch ein Mal“, sagte Marth.

Christine Bai tanzt Mesh von Rodolpho Leoni.

Christine Bai dances in the production of "Mesh" by Rodolpho Leoni.

PACT

Wo sich einst Männer die Schwärze von der Haut duschten, wird heute getanzt. Für über 3000 Bergleute war die Waschkaue, 1907 zwischen den beiden Schächten erbaut, ausgelegt. Pro Schicht zogen sich hier über 1000 Mann um. In der Weißkaue legten die Bergleute die Straßenkleidung ab, in der Schwarzkaue ließen sie ihre Arbeitskleidung. Sie erhielten Grubenlampe, Getränke und Selbstretter mit Filter gegen eventuell auftretendes Grubengas. Untergebracht war hier zudem die Lohnhalle. Umgebaut wurde die Kaue

PACT

Guests can now dance in the very spot where men used to shower off the soot. The pithead baths, built in 1907 between the two shafts, provided facilities for over 3,000 miners. At each new shift, 1,000 men would get changed here, taking off their day clothes in the “clean clothes” locker room, and changing into their work clothes in the “pit clothes” locker room. They were given pit lamps, drinks and self-rescue breathing apparatus with a filter in case of gas in the pit. This was also where the miners were paid their wages. The

PACT Zollverein in der ehemaligen Waschkaue auf Schacht 1/2/8.

PACT Zollverein housed in the former shower and changing rooms of shaft 1/2/8.

durch das Architektenbüro Christoph Mäckler aus Frankfurt. Die Planer erhielten die originale Substanz mit nur minimalen Eingriffen. Noch heute werden die Seifenhalter, eingelassen in die weiß gekachelten Wände, mit Kernseifen gefüllt. Die Spulen, mit denen Steiger und Hauer ihre Kleidung unter die Decke zogen, sind noch vorhanden. 2000 startete das Tanzprogramm in der Kaue. 2002 schloss sich das Choreographische Zentrum NRW mit der Tanzlandschaft Ruhr zu PACT Zollverein zusammen. PACT steht für Performing Arts Choreographisches Zentrum und Tanzlandschaft Ruhr und ist eine Mischung aus internationalem Theater, Künstlerhaus und Institut für Forschung und Entwicklung. Ein festes Ensemble gibt es nicht. So haben Künstler und Publikum die Möglichkeit, sich mit aktuellen Strömungen und Entwicklungen in der zeit-

pithead baths were converted by Christoph Mäckler architects in Frankfurt. The designers retained the original structure and only made minimal changes. To this day, the soap containers set into the white tiled walls are still filled with curd soap. The pulleys that the miners and foremen used to raise their clothes to the ceiling are still in place. In 2000, a dance centre was opened in the pithead baths. In 2002, the Choreographische Zentrum NRW joined forces with Tanzlandschaft Ruhr to create PACT Zollverein. PACT stands for "Performing Arts Choreographisches Zentrum und Tanzlandschaft Ruhr" and is an arts centre combining an international theatre, an artist in residence and an institute for research and development. Since there is no permanent ensemble, artists and the general public can explore

Auf der großen Bühne in der Kaue fand eine der ersten großen Pressekonferenzen der Ruhr.2010 GmbH mit Fritz Pleitgen statt.

One of the first major press conferences of Ruhr.2010 GmbH was hosted by Fritz Pleitgen in the "Kaue", the former shower and changing rooms.

genössischen Kunst mit dem Schwerpunkt Tanz auseinander zu setzen. Auf 3000 Quadratmetern Fläche verfügt PACT Zollverein über zwei Bühnen mit einer Kapazität zwischen 100 und 300 Plätzen, drei Studios und einem Foyer mit Wintergarten und Außenterrasse. Letzteres dient bei Vorstellungen als Loungebereich.

the latest trends and developments in contemporary art, with the focus on dance. Covering 3,000 square metres, PACT Zollverein has two theatres with a seating capacity of between 100 and 300, three studios and a foyer with a conservatory and outdoor terrace. When performances are being held, the foyer can be used as a lounge area.

KUNST IM SCHACHT

Der Kunstschacht des Thomas Rother

Im Jahre 1991 zieht ein Mann auf Zollverein ein, der mit seiner Frau Christa, seiner Muse, zu den eigenwilligen, kreativen und vielseitigen Künstlern der Region zählt: Der Journalist Thomas Rother ist privater Besitzer des Kunstschachts auf Zollverein. Ein Privatmann kauft ein Stück vom späteren Welterbe. So ungewöhnlich dieser Vorgang ist, so ungewöhnlich ist Thomas Rother selbst: Autor, Bildhauer, Maler, Zeichner, Sammler. Die Vielfalt dieses hochbegabten Kreativen ist bis heute ungebrochen. 1991 bezieht er die ehemalige Maschinenhalle auf Schacht 1/2/8 als Atelier, später sogar als Wohnung und Museum. Wagenladungen von Schutt und

MINING FOR ART

Thomas Rother's 'art pit'

In 1991, a journalist (who also happened to be one of the region's most original, creative and versatile artists) took up residence at Zollverein along with Christa, his wife and artistic inspiration. Thomas Rother, the private owner of the Zollverein 'art pit', had bought a slice of what was to become a World Heritage site. It was an extraordinary move, but then there's nothing conventional about Thomas Rother either – the creative range of this highly talented author, sculptor, painter, illustrator and collector shows no sign of diminishing. He established his studio in the former machine shop at shaft 1/2/8 in 1991, later converting the space into an

Thomas Rother in seinem Kunstschacht mit neuen Arbeiten.

Thomas Rother in his studio "Kunstschacht" presenting new works of art.

Gerümpel räumt er aus der alten Halle, die er gemeinsam mit seiner Frau in den kommenden Jahren nach und nach zum „Kunstschacht Zollverein“ gegenüber der Tanzakademie PACT in der Bullmannaue 21 umbaut.

Die Halle wird zum Atelier, zur Ausstellungs- und Veranstaltungshalle – eine ungewöhnliche Location, einer der spannendsten Orte des Weltkulturerbes ganz gewiss. Die Rothers sammelten Requisiten aus der Welt der Bergbaus, sie dokumentieren auf sehr originelle Art und Weise das, was den Kumpel umgab, mit dem er arbeitete und lebte. Kein Bergbaumuseum, sondern eine ganz persönliche Sammlung der Utensilien, mit denen sich die tapferen Menschen umgaben, die täglich einfuhren, die 1000 Meter unter der Erde ihrer schweren Arbeit nachgingen. Der Besuch ist ein absolutes Muss!

Thomas Rother schöpft seine ungewöhnlichen Ideen aus seinem Umfeld, seine „Totems“ der Bergbauindustrie sind liebevoll zusammengetragene Raritäten: von alten Fotos bis zu Barbara-Skulpturen, von Werkzeug und Maschinenteilen. Und mitten drin die eindrucksvollen Arbeiten dieses Ausnahmekünstlers aus dem Ruhrgebiet. Hier ist Thomas Rother in seinem Element und hier beginnt der Erzähler: dem Besucher erklärt er das Revier, die Geschichte und die Geschichten der Männer, die das „schwarze Gold“ aus der Tiefe holten. Info: Tel. 0201/304881.

IM CASINO: HIER FÜHLT SICH LUCULLUS ZU HAUSE

Essen auf Zollverein ist ein Vorgeschmack auf Gaumenfreuden in einer ungewöhnlichen Umgebung. Das „Casino Zollverein“ ist daher mehr als nur ein Restaurant: Denn vor dem kulinarischen kommt das optische Erlebnis. Wer das Casino betritt,

apartment as well as a museum. The first job was to clear lorryloads of rubble and other debris from the old hall; then, over the years that followed, he and his wife steadily built up the ‘Kunstschacht Zollverein’ opposite the PACT performing arts centre at Bullmannaue 21.

The former machine shop is now a studio, exhibition space and special event venue; a remarkable location for such facilities, and surely one of the most intriguing World Cultural Heritage sites. The objects that the Rothers have amassed from the world of mining serve to document, in highly original fashion, the environment in which the miners lived and worked. This is no ordinary mining museum, it is a deeply personal collection of the things that constituted the world of those brave individuals who came in each day to do a tough job a thousand metres underground. A visit is an absolute must!

Thomas Rother has mined his own original ideas from the seam of his environment. For him, the rare items lovingly assembled from around the mining industry are iconic objects: everything from old photos to statues of Saint Barbara, from tools to machine parts – and nestling among them are some impressive works by this exceptional artist of the Ruhr district. As a narrator, Thomas Rother is in his element: his aim is to tell visitors the history of the coal field, and the story of the men who extracted ‘black gold’ from the depths of the earth. For further information, call +49 (0)201 304881.

THE CASINO: THE HOME OF GOURMETS

Dining at Zollverein offers a taste of the gourmet lifestyle in unconventional surroundings. The Casino Zollverein is more than a restaurant: it is a place where visual impact precedes the culinary experience. Diners entering the Casino invari-

Der große Saal im Casino bei der Eröffnung der Design-Ausstellung Entry.

The launch of the design exhibition "Entry" was staged in the Grand Hall of the Casino.

bleibt staunend stehen. Klobige Betonpfeiler ragen sechs Meter zur Decke. Über ihnen arbeiteten einst die Kompressoren der Essener Zeche Zollverein. Die Mauern sind angenagt von ätzendem Dampf. Sie lassen die harte Welt der Arbeit ahnen. Hier waren die Kumpel zu Hause, wo heute die Jünger des Lucullus angenehm speisen.

Jetzt, wo der Industrieraum von der Dienstleistungsgesellschaft genutzt wird, erscheint das Ambiente der Bergleute wie ein gewolltes Dekor. 1932 wurde die weltgrößte Anlage zur Steinkohleförderung eingeweiht, 1986 die letzte Schicht gefahren. Doch plattgemacht wurde nicht. Das Ambiente erfuhr kundiges Facelifting für neue Nutzung. Im Restaurant gehören dazu der riesige Kronleuchter, Eichenholzboden, ein heller Tresen und dunkel gebeizte Esstische. Als Kontrast zum herben

ably stop and stare in amazement at the massive concrete pillars soaring six metres to the ceiling, above which the compressors of Essen's Zollverein colliery once laboured. Today, walls corroded by caustic fumes stand testament to the hard conditions under which people once worked. The former home of the miners now attracts modern-day connoisseurs.

With the one-time industrial zone taken over by the service sector, echoes of the mining days seem to have been purposely retained as a decor scheme. The world's largest coalmining plant opened in 1932; the last seam was abandoned in 1986. However, the facility was never dismantled, and a skilful facelift turned the plant to new usages. In the restaurant, the makeover included a giant chandelier, an oak floor, a light-wood counter and dark-stained dining tables, on which stand

Charme der ausgedienten Arbeitsstätte stehen Kerzenleuchter darauf, dazu weißes Geschirr auf blütenverzierten gläsernen Platztellern. Über diesem Saal wölbt sich noch einmal eine zwölf Meter hohe Industriehalle, feingemacht mit dunkelblauen Vorhängen vom Boden bis zur Decke. Ein funktionsfähiger Kran erinnert an Zeiten der Maloche. Heute werden hier Bankette und Konzerte gegeben, Messen und Modenschauen abgehalten. Ein überwältigendes Szenario. So etwas muss man in New York, London oder Paris lange suchen. Die Stadt Essen ist stolz darauf. Das Casino Zollverein ist ein Solitär unter den restaurierten Industrieanlagen Europas. Der Service ist perfekt geschult. Alles in allem: spektakulär anders.

Fazit: Das Casino Zollverein ist sicherlich eine der ungewöhnlichsten Restaurant-Locations im Ruhrgebiet. In dieser al-

candlesticks and white tableware with floral-print glass underplates – a world away from the austere allure of the disused workplace. Arching over the dining room is a 12-metre high industrial hall, made presentable thanks to dark blue floor-to-ceiling drapes. A crane, still in working order, recalls the days of hard toil. Today, banquets and concerts, trade shows and fashion parades are held in this stunning setting – something you would be hard pressed to find in New York, London or Paris. In fact, the city of Essen is proud to say that the Casino Zollverein is one of the best restaurants in Europe to be located on a restored industrial site. Add to this flawless service, and the Casino is wonderfully refreshing.

There is no doubt that the Casino Zollverein enjoys one of the most unusual locations of any restaurant in the Ruhr district.

Das Casino-Restaurant hat ein besonderes Flair.

The Casino restaurant has a very special flair.

Stilvoll ist das Casino eingerichtet, auf saisonale Küche wird Wert gelegt.

The very best in seasonal cuisine: the Casino restaurant with its exquisite interior is the perfect setting.

ten Kompressorenhalle der Zeche mit sechs Meter hohen Decken, massiven Betonsäulen und technischen Requisiten wurde in Verbindung mit modernem Innendesign ein Raumerlebnis geschaffen, das seinesgleichen sucht. Ausstattungsdetails und Dekoration wechseln und geben dem Restaurant ständig neue Facetten, die zum Entdecken einladen. Der große Raum ist unterteilt in einen Barbereich, den Hauptspeiseraum und einen Loungebereich, in dem man entspannt Digestifs genießen kann.

Die Küche im Casino Zollverein bietet eine abwechslungsreiche Kombination aus internationaler Küche und Besonderheiten der regionalen Bergarbeiterküche, raffiniert verfeinert und selbstverständlich aus marktfrischen Zutaten zubereitet. Das Casino Zollverein gehört zu den außergewöhnlichen gastronomischen Highlights, das mitten im Welterbe Zollverein Akzente setzt.

EISLAUFEN

Wo es einst unvorstellbar heiß war, können Besucher sich jetzt eisig-schön vergnügen: Unterhalb der Koksöfen, in denen von 1961 bis zur Stilllegung 1993 bei 1250 Grad Celsius Kohle zu Koks gebacken wurde, um ihn für die Roheisenproduktion zu nutzen, können Bewegungssuchende auf einer 150 Meter langen und 12 Meter breiten Kunsteisbahn auf Schlittschuhen laufen. 1800 Quadratmeter groß ist die Eisfläche. Möglich macht diesen Winterspaß auf der Straße der Drückmaschine alljährlich die Stiftung Industriedenkmalpflege und Geschichtskultur. Die Koksofenbatterie, an der die Läufer vorbeigleiten, besteht aus 304 Öfen mit einer Höhe von je sechs Metern. Zu Spitzenzeiten produzierten hier 1000 Mitarbeiter täglich 8600 Tonnen Koks. Davor stehen bis zu über 90 Meter hohe Kamine. Zwischen den Kaminen und der 600

Modern interior design has transformed the old colliery compressor hall – with its six-metre ceiling, huge concrete columns and industrial artefacts – into an environment that promises an experience unlike any other. By fine-tuning the furnishings and decor from time to time, the Casino continually opens up new aspects to explore. The cavernous space is divided between a bar, main dining room and a lounge area, where guests can enjoy an after-dinner digestif in comfort.

The cuisine at the Casino Zollverein is a varied combination of international dishes and select regional miners' favourites, skilfully refined and, needless to say, prepared from the freshest ingredients. The Casino guarantees an extra-special gastronomic experience in the heart of the Zollverein World Heritage site.

ICE SKATING

From furnace to ice rink: In use from 1961 until the mine's closure in 1993, the coke ovens heated coal to 1250 degrees Celsius to form coke, which was then used in the production of pig iron. Beneath these ovens, the more athletic visitor can now skate along an artificial ice rink measuring 150 metres by 12 metres (a total surface area of 1,800 square metres), which follows the track of the coke pusher machine. Thanks to support from the Foundation for the Conservation of Industrial Monuments and Cultural Heritage (Stiftung Industriedenkmalpflege und Geschichtskultur), this activity now takes place every winter. The coke oven battery, which the skaters now glide past, comprises 304 ovens, each six metres high. At its peak, the coking plant employed 1,000 people producing 8,600 tons of coke each day. In front are the chimney stacks, some

Eislaufen vor der Koksbatterie.

Ice-skating in front of the oven battery.

Meter langen Ofenbatterie liegt die Straße, auf der sich einst eine Maschine bewegte, die die heiße Masse in Kokswagen drückte. Genau dort wartet jetzt im Winter die Eisbahn auf Kinder und Erwachsene. Die Drückmaschine selbst dient inzwischen ganz am Ende der Ofenbatterien als Dach für Besucher, die so bei jedem Wetter die lange Straße auf sich wirken lassen können. Die Fahrrinne füllt sich mit Regenwasser. Abends ist die Nutzung der Bahn ein besonderes Erlebnis: Denn dann erstrahlt die Kokerei in rotblauem Licht. Für dies Lichtkunstwerk zeichnen die schottischen Künstler Jonathan Speirs und Mark Major verantwortlich. Weithin sichtbar sind die Lichtpunkte an den Schornsteinen. 2000 war die Kokerei unter Denkmalschutz gestellt worden.

BUNKER- UND TRICHTEREBENE DER MISCHANLAGE

Das hohe Gebäude an der Ofenbatterie ist die Mischanlage mit den Bunker- und Trichterebenen. Die zwölf Kohlenbunker, angeordnet in drei Reihen mit je vier Bunkern, machen zwei Drittel der Mischanlage aus, die dazu diente, verschiedene Kohlesorten zur Verkokung aufzubereiten. Der historische Kohlebunker wurde inzwischen zu Ausstellungsflächen umgebaut. Sämtliche Geschosse der Mischanlage sind erschlossen, ebenso die zwölf zuvor nicht begehbaren Bunker, in die eine neue Ebene eingezogen wurde. Um einen Rundgang zu ermöglichen, schnitt man Portale in die Binnenmauern. Ein Bunker beherbergt inzwischen eine Treppe, die Förderbänder auf der Trichterebene sind demontiert. Zwischen den nackten Wänden und den enormen Trichtern, die deutlich Spuren der Zeit zeigen, in denen sie im Einsatz waren, kommen Kunstwerke hervorragend zur Geltung. Ungewöhnlich ist dieser Ausstellungsort. Denn der Besucher er-

standing over 90 metres tall. Between the chimney stacks and the 600-metre-long oven battery is the track on which a machine once travelled to push the hot coke into coke quenching cars. It is on this precise spot that the ice rink was constructed, providing winter fun for adults and children alike. The pusher machine itself now stands right at the end of the battery of ovens, providing a roof for visitors and allowing them to enjoy the long track to the full. When still in operation, the ruts made by the machine used to fill with rainwater. Skating on the rink in the evening is a memorable experience: the coking plant is bathed in red and blue light, a lighting tour de force created by Scottish artists Jonathan Speirs and Mark Major. Red LEDs also adorn the chimneys. In 2000, the coking plant was designated a listed building.

BUNKER AND HOPPER LEVEL IN THE MIXING PLANT

The tall building next to the oven battery is the mixing plant, where the bunkers and hoppers are located. The 12 coal bunkers, arranged in three rows of four, take up two thirds of the mixing plant, which was used to prepare various types of coal for coking. The historic coal bunker has now been converted to provide a space for exhibitions. All storeys of the mixing plant have been opened up, as well as the 12 previously inaccessible bunkers, in which a new floor was incorporated. Doors were cut into the interior walls, enabling visitors to walk through in a circuit. One of the bunkers now houses a staircase, while the conveyors at hopper level have been dismantled. Between the bare walls and enormous hoppers (a clear reminder of a bygone age), works of art are displayed to magnificent effect. This is an extraordinary setting for an exhibition. As happens so often at Zollverein, visitors take in an exhibition within an exhibition. Their foot-

Die Trichterebene der Mischanlage ist ein ungewöhnlicher Ausstellungsort.

The hoppers of the mixing plant are an unusual place for an exhibition.

lebt wie so oft auf Zollverein die Ausstellung in der Ausstellung: Er spürt der Arbeit auf der Kokerei nach, blickt in die Trichter – und erlebt in diesem historischen Ambiente moderne Kunst. Außerdem fanden hier ein Café und Restaurant sowie ein Infopunkt mit Souvenirshop Platz. Erstmals als Ausstellungsort genutzt und damit für die Öffentlichkeit zugänglich waren Mischanlage und Teile des Kokereigeländes bei der Ausstellung „Sonne, Mond und Sterne – Kultur und Natur der Energie", die 1999 zur Abschlusspräsentation der Internationalen Bauausstellung Emscher Park (1989-1999) gehörte.

WERKSSCHWIMMBAD

Das Werksschwimmbad gab es nicht immer. Fünf Jahre nach der Stilllegung der Kokerei sollte der Standort zum „Kunst-Ort" entwickelt werden. Das Projekt „Zeit-

steps trace the working life of the coking plant, but looking inside the hoppers they experience a sudden juxtaposition between the old (historic mine) and the new (modern art). This is also the location of a café, restaurant, information point and souvenir shop. The first exhibition, "Sun, Moon and Stars – The Culture and Nature of Energy", was held here in 1999 as part of the finale to the Emscher Park International Building Exhibition (IBA) (1989-1999). This was the first time the public had access to the mixing plant and parts of the coking plant site.

WORKS SWIMMING POOL

The works swimming pool is a relatively recent creation. Five years after decommissioning, the coking plant was selected for development as a site for the arts and

Erfrischender Sprung ins Werksschwimmbad: Im Sommer ist das beliebt.

A refreshing dip in work's swimming pool is a great delight during the summer months.

genössische Kunst und Kritik“ machte dann das Werksschwimmbad der Frankfurter Künstler Dirk Paschke und Daniel Milohnic im Jahr 2001 möglich. Dafür wurden zwei Überseecontainer zu einem Pool zusammengeschweißt. Das Becken hat eine Größe von fünf mal zwölf Metern. Im Sommer darf hier gebadet und am Beckenrand gesonnt werden – gleich in unmittelbarer Nähe zum „Sonnenrad“. Es ermöglicht den Blick 30 Meter hoch über das Ruhrgebiet und tief durch die Koksöfen bis auf die Ebene der Ofenheizung der ehemaligen Kokerei. Dem Einstieg auf der Ebene der Solarzellen verdankt das ungewöhnliche „Riesenrad“ seinen Namen.

in 2001, the “Contemporary Art and Criticism” project made it possible for Frankfurt artists Dirk Paschke and Daniel Milohnic to create the works swimming pool. Five metres wide and 12 metres long, it was formed by welding two shipping containers together. In summer, visitors can swim in it and sunbathe by the poolside – right next to the Sun Wheel (“Sonnenrad”), a unique Ferris wheel-like structure so called because the entrance to it is located on the same level as the solar panels. The wheel rises 30 metres above ground to provide views of the Ruhr region, before plunging down through the coke ovens to the underfiring system.

SALZLAGER

Koks gebacken wurde auf der schwarzen Seite der Kokerei. Die dabei entstehenden Gase konnten auf der weißen Seite zu

SALT STORE

Coke was heated on the “black” side of the coking plant. The gases produced were recovered on the “white” side as

Der Palast der Projekte von Ilya und Emilia Kabakov im ehemaligen Salzlager der Kokerei.

The "Palace of Projects" by Ilya and Emilia Kabakov is housed in the former salt store of the coking plant.

Ammoniak, Rohbenzol und Teer weiterverarbeitet werden. Das Salzlager befindet sich am Ende einer kurzen Verbindungsstraße an der „weißen Seite" der Kokerei. Auf dieser „weißen Seite" befinden sich die Anlagen für die Gasreinigung und die Weiterverarbeitung der Nebenprodukte, die bei der Koksproduktion auf der „schwarzen Seite" entstanden. Hier installierte 2001 das amerikanisch-ukrainische Künstlerehepaar Ilya und Emilia Kabakov eine begehbare Skulptur. Sie ist schneckenförmig angelegt und wirkt durch die transparent-leuchtenden Außenwände wie ein illuminiertes, begehbares Haus. Mehr als 60 Vorschläge zur Verbesserung der Welt folgen darin aufeinander unter den drei Überschriften: Wie kann man sich selbst verbessern? Wie macht man diese Welt besser? Wie stimuliert man die Entstehung von Projekten? Die Vorschläge haben oft einen philosophischen und sehr häufig einen ironischen Ton. Ein kleiner Auszug aus den Ideen: „Bestrafung der Haushaltsgegenstände. Vertrauen zu anderen. Projekte für Langzeitbeschäftigung. Alles Wichtige ist immer rechts. Auf dem Topf sitzen. Straßenchorsingen. Nächtliche Beleuchtung einer Stadt oder Region. Bestrahlung mit positiver Energie und Optimismus. Eine Tür an der Decke. Misslungene Projekte gibt es nicht." An kleinen Holztischen können die Besucher Platz nehmen, um sich intensiver den Ideen des Künstlerpaares zu widmen.

ammonia, crude benzene and tar. The salt store is at the end of a short link road on the white side of the coking plant, which is also the location of the equipment for perifying the gas and recovering the byproducts created on the black side. In 2001, Ukrainian-American artists Ilya and Emilia Kabakov, a husband and wife team, installed a walk-through sculpture here. It is designed in a spiral shape, and the transparent, lit-up exterior walls make it look like an illuminated building. Inside, it offers 60 possible ways to improve the world under three headings: How can we improve ourselves? How can we improve the world? How can we stimulate new projects? The proposals are often philosophical in nature and not without a hint of irony. A few examples: "Punishment of household objects. Trust others. Projects for long-term employment. Everything that's important comes from the right. Sit on the loo. Sing in a street choir. Illumination of a city or region at night. Radiate positive energy and optimism. A door in the ceiling. There's no such thing as a failed project." Visitors can sit down at small wooden tables to consider the artists' ideas in greater depth.

PAVILLON AM PARKPLATZ A1

Der erste von insgesamt sechs architektonisch interessant und monumental gestalteten Empfangspavillons entstand am Parkplatz A1. Die Pavillons sind Bestandteil des Parkkonzepts. Der Entwurf stammt von der Künstlergruppe Observatorium. Sie werden mit diversen Nutzungen gefüllt. An den Eingängen des Zollverein Parks markieren sie den Übergang aus

PAVILION IN CAR PARK A1

The first of six reception pavilions was built in car park A1. Designed by a group of artists called Observatorium to look like monuments and provide architectural interest, these pavilions are an integral part of the overall park concept and are used for various purposes. Situated at the entrances to the Zollverein Park, they mark the transition between the housing es-

Stählerne 3D-Modelle ergänzen die Info-Pavillons.

Iron-cast 3D models are presented at the information pavilions.

den Siedlungsstrukturen in das ehemalige Zechen- und Kokereigelände. Ein Blickfang sind die dreidimensionalen gusseisernen Modelle des Welterbes, die überall verteilt etwas erhöht auf Blöcken stehen und der Orientierung dienen. Zu-

tates and the former mine and coking plant site. Eye-catching, three-dimensional cast-iron models of the World Heritage Site, raised slightly on blocks, are located at various points of the site to help visitors find their way around. There are also 3D

Der Info-Besucher-Pavillon der Künstlergruppe Observatorium auf dem Besucherparkplatz A1.

The visitors' information pavilion of the artists' group "Observatorium" is located in parking lot A1.

sätzlich gibt es 3D-Handpläne und eine LED-beleuchtete Beschilderung. Die Kölner Designagentur Firstdesign erhielt für diesen Entwurf des Orientierungssystems den SEGD-Award, das ist eine Auszeichnung der Society for Environmental Graphic Design.

pocket maps and LED-lit signage. Firstdesign, a Cologne-based design agency, received the Society for Environmental Graphic Design (SEGD) Award for this orientation system.

ULRICH RÜCKRIEMS SKULPTURENPARK

Die Präsentation mit Werken von Ulrich Rückriem in der ehemaligen Zentralwerkstatt auf Schacht XII war 1992 erste Außenstelle der Kasseler Documenta IX. Die ein Jahr später errichtete Außenskulptur „Castell" war die Keimzelle des Zollverein-Parks. Denn im Schatten der beeindruckenden Architektur von Zollverein liegt eine riesige Industriebrache. Rückriems Skulpturen sind Fixpunkte in dieser Landschaft, die die Spuren der Zechenzeit trägt. Die ursprüngliche Landschaft wurde zerstört – eine neue, ganz ei-

ULRICH RÜCKRIEM'S SCULPTURE PARK

The collection of works by Ulrich Rückriem presented in the former central workshop of Shaft XII in 1992 was the first external location of the Kassel Documenta IX exhibition. The "Castell" sculpture, built outside one year later, became the nucleus of the Zollverein Park, which was fashioned from the huge expanse of industrial wasteland that lies in the shadow of Zollverein's imposing architecture. Rückriem's sculptures provide fixed points in a landscape shaped by its mining past. The original landscape was destroyed, and a new,

Rückriems Skulpturenpark zwischen Zeche und Kokerei.

Rückriems' sculpture park, situated between colliery and coking plant.

gene entstand. Natur- und Kunsterleben verbinden sich hier bei einem Spaziergang.

Der 1938 in Düsseldorf geborene Bildhauer und Kunstprofessor Rückriem zog kurz nach der Stilllegung der Zeche für einige Jahre in die ehemalige Schlosserei, um an seinen Granitskulpturen zu arbeiten. Rückriem schuf einen ganzen Skulpturenpark. Die Skulpturen liegen inmitten von Birken- und Robinienwäldern, sind teils im Dickicht verborgen. Reizvoll ist der Kontrast zwischen dem Schwarz der Böden, dem Hellgrau des Granits und dem lichtem Birkengrün. Die 24 einzelnen, mannshohen Granitquader von Rückriems Castell, zugleich offen und geschlossen, regen den Besucher zum Innehalten, Nachdenken und Genießen an. Schmale Schneisen führen in dieses Kunstwerk.

quite different one emerged. Visitors can experience both art and nature on a stroll through this landscape.

Born in Düsseldorf in 1938, Rückriem, a sculptor and professor of art, moved into the former metalworking shop shortly after the mine was decommissioned to work on his granite sculptures. In the space of a few years, Rückriem created an entire sculpture park. The sculptures are dotted in among the birch and robinia trees, partially hidden in the thicket. The black soil, the light grey granite and the pale green birch provide an attractive contrast. The 24 individual granite blocks of Rückriem's "Castell", each as tall as a person, are both open and closed, inviting the visitor to pause, reflect and savour the moment. Narrow tracks lead to this work of art.

Architekturdetail einer Bandbrücke neben der Kohlenwäsche.

Detail of a conveyor bridge next to the coal washing plant.

Fotografen auf dem Denkmalpfad.

Photographers on the heritage trail.

DENKMALPFAD

Der Denkmalpfad erschließt das Industriedenkmal Zollverein. Er zeichnet den Weg der Kohle nach, der sich aus den Produktionsabläufen, die die Steinkohle im Übertagebereich durchlief, ergab. Der Pfad kann bei diversen Führungen erkundet werden, bietet Einblick in die industrielle Vergangenheit. Er beginnt mit der Förderung der Rohkohle aus den Tiefen ans Tageslicht und endet mit dem Abtransport der fertigen Produkte. Dabei gibt es Informationen nicht nur über die immense Technik, sondern auch zu Themen wie Architektur, Sozialgeschichte, Arbeitsbedingungen, Strukturwandel, Kunst und Design sowie Natur. Der Pfad führt zu diversen Stationen, beispielsweise durch die Wipperhalle, wo die Förderwagen über die Kopfwipper geleert wurden. Der Lärm war immens. Waren die Förderwagen leer, wurden sie durch den Wagenumlauf geleitet und logistisch verteilt. Auch dieser Wagenumlauf ist Teil des Pfades. Weiter geht es dann in die Bergebunkergebäude, die

HERITAGE TRAIL

The Heritage Trail brings to life the Zollverein colliery as a historical monument, tracing the coal's journey through the various production processes above ground. Offering an insight into the colliery's industrial past, it can be followed as part of a guided tour. It starts with the pit coal being brought up to the surface from underground and ends with the shipping of finished products. The information on display covers not only the immense equipment, but also subjects such as architecture, art and design, social history, working conditions, nature and the transformation of the mine. The trail leads the visitor through the various stages of the production process, such as the tipper house, where the coal trucks were emptied over the tippers. The noise was deafening. Once the coal trucks were empty, they were taken along the mine car circuit and diverted to where they were required. This mine car circuit is also part of the Heritage Trail. It then continues to

Beliebter Ort für Trauungen ist die Sieberei auf Zollverein. Das Foto vor dem Fördergerüst danach ist Pflicht.

The screening plant at Zollverein is a popular place for wedding ceremonies. Having a photo taken in front of the head frame is simply a must.

Stimmungsvoll ist die Trauung in der Sieberei, wo früher die Ruhrkohle klassiert wurde.

Where coal from the Ruhr district was once graded, wedding ceremonies are now held in an unusual setting.

Sieberei, die Kohlenwäsche sowie zu den diversen Bandbrücken. Die Fortsetzung folgt auf der Kokerei Zollverein.

HEIRATEN IN DER SIEBEREI

Die Sieberei zeigt den Fortschritt der Zeche Zollverein. Sie wurde Mitte der 1950-er Jahre in Betrieb genommen. Die Förderkörbe waren zunächst Gestelle, in denen auf vier Ebenen verteilt die Förderwagen standen. Insgesamt hingen vier Fördergestelle in dem Förderschacht. Ab Mitte der 1950-er Jahre wurde dann die Gestell- auf die Gefäßförderung umgestellt. Nun wurde die Kohle über je ein Gefäß ans Tageslicht befördert, lief dann von der Hängebank über die Austragungs- und Transportbänder zur Sieberei. Hier wurde die Rohkohle, bevor sie in die Kohlenwäsche kam, in der Sieberei klassiert. Heute können sich Paare in diesem spektakulären Raum trauen.

the waste bunker building, the sieving plant, the coal washing plant and the various conveyor bridges. The process is continued at the coking plant.

GETTING MARRIED IN THE SIEVING PLANT

The sieving plant epitomises the progress made by the Zollverein colliery. Before it was commissioned in the mid-1950s, the coal was hoisted up the shaft in cages divided into four levels on which the trucks were placed. There were four cages in the shaft. In the mid-1950s, the cages were replaced by skips. Now the coal was brought up in just one skip at a time and taken from the pithead on discharge conveyors and conveyor belts to the sieving plant. Before being sent for washing, the coal was screened in the sieving plant. Today, couples can tie the knot in this spectacular room.

PHÄNOMANIA/ ERFAHRUNGSFELD

Hintergründe der Naturgesetze zu erforschen, Fragen zu stellen, mit allen Sinnen wahrzunehmen: Dazu lädt das „Phänomania/Erfahrungsfeld", 2006 erweitert durch die Erlebnisausstellung „Phänomania", ein. Beide befinden sich mit dem Bürger- und Handwerkerpark auf dem Gelände der Schachtanlage 3/7/10, rund 1500 Meter östlich der Gründungsanlage Schacht 1/2. Mit Schacht 3 begann 1882 die Förderung an diesem Standort. 1897 folgte Schacht 7 – die Nummern 4,5, und 6 waren schon für andere Schachtanlagen vergeben – und 1911 dann Schacht Nummer 10. Er war bis zur Inbetriebnahme von Schacht XII Hauptförderschacht. Das Phänomania/Erfahrungsfeld ist untergebracht in der ehemaligen Fördermaschinenhalle. Dort gibt es heute auf 1500 Quadratmetern über 100 Stationen, beispielsweise einen Barfußweg, eine Balancierscheibe, einen Riechbaum, einen Zerrspiegel, eine Tastgalerie und einen Summstein. Blitze können angefasst, Schallwellen sichtbar gemacht werden. Das Phänomania/Erfahrungsfeld ist das praktische Forschungsergebnis des in Essen geborenen Architekten, Pädagogen, Künstlers und Philosophen Hugo Kükelhaus, der von 1900 bis 1984 lebte. Mitte der 1960-er Jahre entstand das Projekt. Ein Phänomania/Erfahrungsfeld wurde erstmals auf der Weltausstellung 1967 in Montreal vorgestellt. Im Café Zollverein können sich die Erforscher dann neben den riesigen Maschinen, die einst die Förderkörbe antrieben, erholen – oder auf dem Vorplatz das Fördergerüst von Schacht 10 erklimmen, um von dort den Blick auf die Landschaft zu genießen.

Anne testet ein Trainingsgerät für Jetpiloten, das zum Erfahrungsfeld der Sinne im Handwerkerpark gehört.

PHENOMANIA/FIELD OF EXPERIENCE

The "Phenomania/Field of Experience" exhibition invites visitors to explore the laws of nature, bringing out their inquisitive side and providing a stimulating sensory experience. In 2006, the "Phenomania" experience exhibition was added. Both are located, along with the Citizens' and Handcrafters' Park, on the site of Shaft 3/7/10, some 1,500 metres east of Shafts 1 and 2, the first pits to be sunk. Mining began in Shaft 3 in 1882. Shaft 7 followed in 1897 – numbers 4, 5 and 6 had already been assigned to other mines – and Shaft 10 in 1911, which was the main shaft until Shaft XII opened. The "Phenomania/Field of Experience" exhibition is situated in the former winding engine house and comprises over 100 stations in a 1,500 square metre space, including a barefoot walk, balance board, "tree of smells", distorting mirror, touch gallery and humming stone. Visitors are given the chance to touch lightning and see sound waves. The "Phenomania/Field of Experience" exhibition is the result of practical research carried out by Essen-born architect, educationalist, artist and philosopher Hugo Kükelhaus (1900-1984). This project came into being in the mid-1960s, with the first "Phenomania/Field of Experience" exhibition being staged at the 1967 World's Fair in Montreal. After completing their "research", visitors can relax in the Café Zollverein next to the huge machines that once hoisted the pit cages – or climb up the winding tower of Shaft 10 just outside to take in the views of the surrounding landscape.

Anne tests the training device for jet pilots, which is part of the Field of Experience in the Handcrafters' Park.

NATUR UND KULTUR

NATUR

Der Zollverein-Park ist ein Naherholungsgebiet für Besucher und Anwohner des Welterbes, entstanden auf den ehemaligen Halden mit reichlich Platz für seltene Flora und Fauna. Wer mag, kann sich zum Picknick auf die Wiese setzen und dabei das Fördergerüst betrachten. Spazierengehen, mit dem Rad fahren – es gibt zahlreiche Möglichkeiten, sich in dem Park zu amüsieren. Hervorragend gedeihen herrlich duftender Sommerflieder, Goldrute oder die weithin leuchtende Königskerze. Mit dem Ende der Kohle- und Koksproduktion konnte sich die Natur ungehemmt

NATURE AND CULTURE

NATURE

The Zollverein Park, which was developed on a former waste tip, offers abundant space for rare flora and fauna and provides a local recreation area for visitors and residents of the World Heritage Site. People can picnic on the grass and gaze at the winding tower. Walking and cycling are just two of the many other leisure activities available within the park, which provides ideal growing conditions for sweet-smelling buddleias, goldenrods and bright mulleins that can be seen from afar. When coal and coke production ceased on the site, nature was allowed to flourish un-

Der Stellwerkgarten bietet Raum für Sport und Spiel.

The Stellwerkgarten offers plenty of scope for fun and games.

ausbreiten. Es entwickelte sich eine besondere Mischung aus Pflanzen und Tieren, die sich an die schwierigen Lebensbedingungen gut anpassten. Schnell siedelten sich Birken, Büsche, Farne und Moose an. Keimzelle des Zollverein-Parks ist das Kohle-Absetzbecken, wo heute eine von Ulrich Rückriems Skulpturen aus österreichischem Granit steht. Die Birkenwälder und dunklen Gebüsche wechseln sich ab mit Wasserflächen und weiten Flächen schwarzen Substrats. Beachtung fand diese Natur-Kultur-Landschaft durch Rückriems Wirken erstmals 1993.

Eine weitere Freifläche ist Teil des Parks: Denn als die Architekten Heinrich Böll und Hans Krabel das Zechengebäude des Schachtes XII umbauten, entstanden im Umfeld Gehwege, Parkplätze, Aufenthaltszonen. Den Wandel des Standorts verstärkte der Masterplan von Rem Koolhaas. Die Zollverein School und der Umbau der Kohlenwäsche begannen. Ein weiterer Masterplan für den Freiraum von Henri Bava ergänzte die städtebauliche Planung Koolhaas'. Zusätzliche Entwürfe

Von der Natur zurückerobert: ein stillgelegtes Gleis im Zollverein-Park.

Reclaimed by nature: a disused track in Zollverein Park.

hindered. The result was a unique combination of plants and animals that could easily adapt to the difficult conditions. Birch trees, shrubs, ferns and mosses quickly colonised the area. At the heart of the Zollverein Park is the coal settling tank, which features one of Ulrich Rückriem's sculptures made of Austrian granite. The birch woods and dark shrubbery are interspersed with expanses of water and large areas of black substrate. This landscape of nature and culture first attracted attention in 1993 thanks to Rückriem's work.

The park includes another area of open space. When architects Heinrich Böll and Hans Krabel converted the mine building of Shaft XII, paths, parking spaces and recreation areas were created in the surrounding area. Rem Koolhaas' master plan reinforced the transformation of the site, and work began on the Zollverein School of Management and Design and the conversion of the coal washing plant. Henri Bava produced another master plan for the open space to complement Kool-

Die Kokerei ist auch im Winter einen Besuch wert.

The coking plant is well worth a visit even on a cold winter's day.

präzisieren Bavas Plan: Für sie qualifizierte sich ein Team aus Landschaftsarchitekten, Künstlern, Kommunikationsdesignern und Lichtplanern in einem internationalen Wettbewerb 2005. Der Plan betont das Gebäudeensemble, hält sich hinsichtlich der Landschaftsarchitektur zurück. Er bezieht vorhandene Vegetation und die Verformungen der Oberfläche mit ein, schafft so ein Landschaftsbild, das den industriellen Zusammenhang hervorhebt. Es entstand ein ansprechender Radweg. Die Parkallee kreuzt die Gleisharfe – als drei Meter breites Betonband und vollkommen neue Verbindung zwischen dem Gelände von Schacht 1/2/8 und dem Skulpturenwald. Die Gleise selbst werden zu Fußwegen, Bänke laden im Birkenhain zum Verweilen ein. Außerdem führt künftig eine fast vier Kilometer lange Ringpromenade als Rad- und Fußweg um das gesamte Gelände.

Durch das Projekt „Die Wildnis vor der Haustür“ sind im Park 2006 und 2007 fünf Spielorte und Gärten für Familien und Kinder entstanden. Staunend können Verträumte das Labyrinth der verborgenen Schätze am Stellwerkgarten erleben. Wer mag, kann sich auch auf die Bühne im Kokereigarten stellen und singen, tanzen, Kunststücke vorführen. Kinder aus den benachbarten Schulen pflegen 20 quadratische Hochbeete im Stellwerkgarten. Sie und die Besucher können so Pflanzen in ihrer jahreszeitlichen Entwicklung beobachten. Kleine wie Große sollen den Park nutzen, können sich amüsieren beim Beach-Soccer an der Kokerei oder beim Soccer-Golf über den Gleisboulevard. Wen es in die Höhe zieht, der kann die Kletterwand im Kokerei-Garten erklimmen. Bälle und Ausrüstung können im Besucherzentrum Zollverein, am Infopunkt Kokerei und im Pförtnerhäuschen ausgeliehen werden.

haas' urban development plan. Bava's plan defined some additional designs, for which there was an international competition in 2005, leading to the selection of a team of landscape architects, artists, communications designers and lighting designers. The plan emphasises the ensemble of buildings, with the restrained landscape architecture including existing vegetation and surface distortions to accentuate the industrial context. A pleasant cycle path was created. The avenue that runs through the park crosses the ladder track as a three-metre wide strip of concrete, forming a completely new connection between the site of Shaft 1/2/8 and the sculpture forest. The tracks themselves have become footpaths with benches to allow visitors to while away their time among the birch trees. Plans are in the pipeline for a four-kilometre long combined footpath and cycle path, which will encircle the entire site.

The "Wilderness on the Doorstep" project involved the creation of five play areas and gardens for families and children in 2006 and 2007. Fantasy-lovers will be amazed by the "Labyrinth of Hidden Treasure" in the control centre garden, while budding performers can take to the stage in the coking plant garden to sing, dance or perform plays. Children from local schools tend to 20 square raised flowerbeds in the control centre garden. They and garden visitors can observe how the plants develop over the seasons. The park includes activities for young and old alike, such as beach football at the coking plant and soccer-golf above the "Track Boulevard". Those with a head for heights can test their skills on the climbing wall in the coking plant garden. Balls and equipment can be hired in the Zollverein Visitor Centre, at the coking plant Information Point and at the gatehouse.

KULTUR

Theater

Das Projekt Tanzlandschaft Ruhr und die Institution Choreographisches Zentrum NRW haben sich im Februar 2002 zu einem internationalen Zentrum für darstellende Kunst mit dem Schwerpunkt Tanz verbunden. In der ehemaligen Waschkaue an der Bullmannaue bündelt PACT als spartenübergreifender Kunstentstehungsort zeitgenössische Strömungen an den Schnittstellen von Tanz, Performance und Theater. Auch die Zuschauer profitieren, erleben hier ein abwechslungsreiches Programm aus Tanz, Performances, Installationen, Musik, Literatur und Medienkunst. Hochwertige Produktionen kommen zur Aufführung. Gleich ob Internationales Tanzfestival NRW, Deutschlandpremieren, Europapremieren, Uraufführungen, eigene Produktionen oder solche der Salzburger Festspiele oder der Ruhrtriennale – PACT ist ein idealer und besonderer, international bekannter Spielort. Ein festes Ensemble gibt es bewusst nicht.

CULTURE

Theatre

The Tanzlandschaft Ruhr project and the Choreographisches Zentrum NRW joined forces in February 2002 to establish an international centre for performing arts with the emphasis on dance. In the former pithead baths on Bullmannaue, the PACT interdisciplinary arts centre combines contemporary trends at the interfaces between dance, performance and theatre. Audiences benefit from a diverse programme including art installations, music, literature, dance and media art. PACT is an ideal and unique venue for high-quality productions of all kinds, such as the International NRW Dance Festival, German premieres, European premieres, debut performances, independent productions or events of the Salzburg Festival or Ruhrtriennial. PACT has deliberately chosen not to have a permanent ensemble.

However, PACT is more than just a theatre. It is a creative laboratory, a place for research and training. Applications for residency programmes are invited from all

Die dänische Choreografin Mette Ingvartsen fliegt auf der PACT-Bühne.

The Danish choreographer Mette Ingvartsen "afloat" on the PACT stage.

Claus Peymann probt mit Kindern bei der „Akademie für Kinder" der Ruhrtriennale.

Claus Peymann practises for the Ruhrtriennale with a group of children at the "Akademie für Kinder".

Doch PACT versteht sich nicht nur als Bühne, sondern auch als kreatives Labor, als Ort der Forschung und Qualifizierung. Residenzen werden international ausgeschrieben. Fester Bestandteil des Programms ist das mehrmals jährlich stattfindende Atelier, das professionellen Künstlern aus aller Welt die Möglichkeit gibt, sich mit ihren Projektideen bei PACT Zollverein zu bewerben und selbige dank der Entwicklungsplattform zu präsentieren. Dadurch treffen sich hier Künstler und Kompanien, um in unvergleichlicher Atmosphäre zu arbeiten. Sie bekommen technische, organisatorische und administrative Unterstützung. Interdisziplinäre Symposien, Workshops und Trainings vervollständigen das Angebot von PACT auf Schacht 1/2/8.

Somit verbinden sich in PACT ein Theater, ein Künstlerhaus und eine Plattform für Theorie und Praxis. Durch die Gleichberechtigung der drei Bereiche – präsentieren, entwickeln und forschen – wird auch

countries. A permanent fixture of the programme is a workshop that is held several times a year, giving professional artists from all over the world the opportunity to submit their project ideas to PACT Zollverein and then present them via the development platform. Artists and companies thus work together in a unique setting, and benefit from technical, organisational and administrative support. PACT also offers interdisciplinary symposia, workshops and training courses.

PACT is therefore a theatre, an artistic environment and a platform for theory and practice rolled into one. Because the three areas are given equal priority in terms of presentation, development and research, knowledge transfer between artistic disciplines is encouraged. For example, the international imPACT symposium brings together artists, advanced students, academics and journalists from the fields of dance, theatre, art and new media.

der Wissenstransfer innerhalb der künstlerischen Disziplinen gefördert. Während des internationalen Symposiums „imPACT“ arbeiten z. B. Künstler, fortgeschrittene Studierende, Wissenschaftler und Journalisten aus den Bereichen Tanz, Theater, Bildende Kunst und Neue Medien zusammen.

Doch nicht nur im PACT gibt's Theater satt. Auch die Kokerei Zollverein ist eine begehrte Bühne und beispielsweise Spielstätte der Ruhrtriennale. „Nächte unter Tage“ erlebten hier Aufführungen, die Pianistin Elisabeth Leonskaja spielte an einem Flügel im Wasserbecken. Der Tänzer Matthias Hartmann war 2000 als Ikarus in der Inszenierung „Misch:Lagen“ in der Kokerei zu sehen.

However, PACT isn't the only place in the complex to offer theatrical opportunities. The Zollverein coking plant also has a popular theatre and is the venue for the Ruhr Triennale. There have been several performances of “Nächte unter Tage” here, and the pianist Elisabeth Leonskaja played on a grand piano placed in the pond. Dancer Matthias Hartmann appeared as Icarus in the 2000 production “Misch:Lagen” in the coking plant.

Mit dem Nachtbus zur „ExtraSchicht“ in der langen Nacht der Industriektur.

A bus takes visitors to "ExtraSchicht" during the Long Night of Industrial Culture.

ExtraSchicht

Die ExtraSchicht bietet an 40 Spielorten in 20 Städten Kultur in den ehemaligen Industrieanlagen. Performances und spektakuläre Inszenierungen mit unterschiedlichsten Ansätzen von ernsthaft bis unterhaltend sind zu sehen. Konzerte, Theater, Tanz: Alles ist dabei. Faszinierend sind solche Aufführungen im Industrie-Ambiente. Vom frühen Abend bis tief in die Nacht bringt ein eigenes Shuttlesystem die Nachtschwärmer bei der ExtraSchicht überall in der Metropole Ruhr von Tür zu Tür. Auch zum Welterbe Zeche und Kokerei Zollverein. Die ExtraSchicht ist ein Gemeinschaftsprojekt der Ruhrgebiet Tourismus GmbH & Co. KG, des Regionalverbandes Ruhr und des Verkehrsverbundes

"ExtraSchicht"

The "ExtraSchicht" Festival brings a range of cultural events to 40 venues in 20 locations, all of which are held in decommissioned industrial plants. The performances and spectacular productions vary in tone from serious to comical, and cover everything from concerts to theatre to dance. The industrial backdrop makes the productions all the more remarkable. A festival shuttle bus system runs from early evening until well into the night, ensuring that festival-goers are transported from venue to venue across the region, including to the Zollverein colliery and coking plant. ExtraSchicht is a joint project between Ruhrgebiet Tourismus GmbH & Co. KG, the Regionalverband Ruhr and the

Die „ExtraSchicht" unter den Bandbrücken der Zeche Zollverein ist ein Publikumsmagnet.

The "ExtraSchicht" performance under the conveyor bridge of Zollverein colliery is a real crowd-puller.

Ein Bild von Zollverein nimmt Austauschschüler Daniel aus Mexiko mit nach Hause. Er posiert mit Luisa Maria aus Mülheim auf dem Dach der Kohlenwäsche.

Exchange student Daniel from Mexico takes a souvenir photograph with Luisa Maria from Mülheim on the rooftop of the coal washing plant.

Rhein-Ruhr. Seit ihrer Premiere im Jahr 2001 hat sich die ExtraSchicht zu *der* Kulturveranstaltung der Metropole Ruhr entwickelt. Die Idee, die Orte der Industriekultur und des Wandels und somit auch die Identität des Ruhrgebiets mit seiner Experimentierfreude und Weltoffenheit in einer einzigen Nacht erfahrbar zu machen, kommt an: 160000 Besucher nutzten 2008 das Angebot.

Konzerte

Begehrt sind besonders die Konzerte im Rahmen der Reihe Zollverein-Konzerte, die 1997 startete. Jährlich treten renommierte Stars aus Klassik, Jazz und Pop in ehemaligen Industriehallen auf, so waren das Kronos Quartet, Alfred Brendel, Götz Alsmann, Waltraud Meier und Jan Delay bereits Gaststars der Zollverein Konzerte.

Verkehrsverbund Rhein-Ruhr. Since its launch in 2001, it has developed into the cultural highlight of the Ruhr calendar. The idea of opening up industrial locations to the public for one night and letting them experience their transformation as well as the cosmopolitan and experimental flair of the Ruhr region has been a runaway success: 160,000 visitors attended in 2008.

Concerts

Proving especially popular are the concerts held as part of the Zollverein series, which was launched in 1997. Each year sees big names from the fields of classical, jazz perform and pop in the former industrial buildings, such as the Kronos Quartet, Alfred Brendel, Götz Alsmann, Waltraud Meier and Jan Delay. But Zoll-

Das Folkwang Brass Quintet spielt in der Mischanlage.

The Folkwang brass quintet performs at the former mixing plant.

Doch nicht nur große Stars entdecken die Spielstätte Zollverein, die Konzertreihe bietet auch regionalen Künstlern wie Newcomern eine Bühne. Die Akustik ist einmalig. Die Stiftung Zollverein veranstaltet die Reihe in Kooperation mit der Theater und Philharmonie GmbH Essen und dem Kulturbüro der Stadt Essen.

Zechenfest

Feiern statt schuften: Das Zechenfest macht das alljährlich möglich mit Konzerten vieler Musikrichtungen und mancher Newcomer-Band, mit Walk-Acts, Tanzgruppen und Theateraufführungen sowie einem Feuerwerk, das vor der Kulisse der Zeche ein Spektakel ist. Auf dem gesamten Außengelände und in den Hallen von Schacht XII feiern ehemalige Kumpel, Bürger aus den Stadtteilen, Touristen und Kulturmacher gemeinsam. Die Vereine und Werbegemeinschaften des Stadtbezirks präsentieren sich außerdem an Ständen. Wer mag, kann sich auch über das Welterbe führen lassen. Veranstalter dieses

verein is not just for the stars – the concert series also provides a stage for regional artists, including newcomers. The acoustics are unique. The Zollverein Foundation stages the concerts in cooperation with the Theater und Philharmonie GmbH Essen and Essen City Office of Culture.

"Zechenfest" – The Colliery Festival

The annual Colliery Festival or "Zechenfest" transforms the mine from a hard-working environment to a place of entertainment. It includes concerts covering a range of musical styles (and welcomes new bands), as well as walk acts, dance groups and theatre performances, plus a spectacular firework display set against the backdrop of the mine. Taking over both outdoor and indoor spaces of Shaft XII, the festival attracts old friends, local residents, tourists and culture makers alike. Local clubs and advertising cooperatives also have an opportunity to present themselves on stands. Attendees can, if they

Bilder vom Zechenfest auf Zollverein. Oben das Akkordeon-Jugend-Orchester Altenessen in Halle 5, unten das „African Gospel Project" auf der Hauptbühne im Ehrenhof.

Pictures of the Zollverein colliery festival. Shown above, the Youth Accordion Orchestra Altenessen in Hall 5; below, the "African Gospel Project" performing on the main stage in Ehrenhof.

Zechenspaßes sind die Stiftung Zollverein, das Kulturbüro der Stadt, die Werbegemeinschaften Stoppenberg, Katernberg und Schonnebeck.

Design und Kreativwirtschaft auf Zollverein

Der „red dot design award" ist ein international anerkannter Wettbewerb. Der rote Punkt gilt als Qualitätssiegel für gutes Design. Mit mehr als 10000 Anmeldungen aus 60 Ländern zählt er zu den größten Designwettbewerben weltweit. Der red dot wird an Arbeiten verliehen, die sich durch herausragende Designqualität auszeichnen. In der Jury sitzen namhafte Designer und Designexperten aus aller Welt. Die

wish, take a guided tour of the World Heritage Site. The festival is jointly organised by the Zollverein Foundation, the City Office of Culture, and the Stoppenberg, Katernberg and Schonnebeck advertising cooperatives.

Design and creative industries at Zollverein

The red dot design award is an internationally recognised design competition and one of the biggest of its type worldwide, receiving over 10,000 submissions a year from 60 countries. The red dot is considered a seal of quality and is awarded to works of outstanding design. The jury is made up of renowned designers and design experts from all over the world, and members change each year to guarantee

Die Modedesignerinnen von „Tolllkirsche" auf der Rolltreppe des Ruhr Museums.

"Tollkirsche" fashion designers posing on the escalator of the Ruhr Museum.

Blick in die Design-Weltausstellung Entry. *The fascinating world of "Entry".*

Die Ideenbox war Teil der Design-Weltausstellung Entry.

The "Box of Ideas" was part of the international design exhibition "Entry".

Besetzung wechselt jedes Jahr, um so ein hohes Maß an Objektivität und Fairness zu garantieren. Die Jury bewertet die Produkte nach verschiedenen Kriterien wie Innovation, Funktionalität, formale Qualität, Ergonomie, symbolischer und emotionaler Gehalt sowie Selbsterklärungsaspekt eines Produktes. Preise werden in folgenden Kategorien vergeben: „product design", „communication design" und „design concept". Idealer Ort für die Preisverleihung ist das Welterbe Zollverein mit dem red dot design museum. Als Designstandort hat sich das Welterbe längst etabliert. Bei der Veranstaltung „Essens kreative Klasse" kommen jährlich Designer, Architekten, Journalisten, Musiker, Künstler, Verlage, Filmstudios, Fotografen, Grafiker, Software- und Game-Entwickler, Shops, Handwerker, Galeristen, Kulturmanager, Event- und Werbeagenturen, Theater und Varietés zusammen, um

maximum objectivity and fairness. Products are judged according to criteria that include innovation, functionality, formal quality, ergonomics, symbolic and emotional content and usability. Prizes are awarded in the following categories: product design, communication design and design concept. The Zollverein World Heritage Site, with its red dot design museum, is the perfect location for the awards ceremony. And design is an established tradition at Zollverein: Each year, the "Essen's Creative Class" event attracts a cornucopia of creative talent to present themselves or exchange ideas. They include designers, architects, journalists, musicians, artists, publishers, film studios, photographers, graphic designers, software and game developers, retailers, handcrafters, gallery owners, culture managers, event management and design agencies, and theatre and

sich zu präsentieren und auszutauschen – und damit zu zeigen, wie groß das kreative Potenzial rund um Zollverein und in der Stadt ist. „Essens kreative Klasse“ versteht sich als Aktions- und Kommunikationsplattform der Kreativwirtschaft.

Beim Designtag NRW und beim Deutschen Designerkongress diskutieren Unternehmer und Designer regelmäßig auf Zollverein. Ebenso entstehen durch das Projekt „mobile working spaces“ auf Zollverein in historischer Umgebung fünf experimentelle, mobile Bauten mit flexibler Innenraumgestaltung, hervorgegangen aus einem Architekturwettbewerb.

cabaret companies. Together they demonstrate the huge creative potential in and around Zollverein and in the city of Essen. “Essen’s Creative Class” is an action and communications platform for the creative industries.

The NRW Design Day and the German Design Conference provide opportunities for entrepreneurs and designers to get together and share ideas at Zollverein. In addition, the “mobile working spaces” project in the historic setting of Zollverein has led to the creation of five experimental, mobile buildings with flexible interior layout options, the result of an architecture competition.

Für Kinder gibt es eigene Führungen über das Welterbe.

The World Heritage Site offers special guided tours for children.

Auch Erlebnisführungen können gebucht werden.

Experience tours can be booked in advance.

Kinder- und Erlebnisführungen

Für Kinder und Erwachsene gibt es zwölf Kilometer lange Fahrradführungen rund um Zollverein. Diverse Angebote richten sich speziell an Kinder. Bei „Kohlenstaub auf heißen Sohlen“ erleben Neugierige zwischen sechs und zwölf Jahren die Kokerei. Für Kinder schon ab vier Jahren mit ihren Familien ist die „Familienschicht“ auf der Zeche.

Das Führungsangebot insgesamt ist groß: Zeche Zollverein, Kokerei, das Welterbegelände insgesamt sind Themen. Ehemalige Zollvereiner zeigen die Anlage, bieten Geschichten über den Pütt und anschließend Wein oder Bier an. Auch nachts ruht Zollverein nicht. Bei Vollmond über das Gelände zu streifen, garantiert eine ganz besondere Atmosphäre. Auch die Nachtlichtführungen erfreuen sich

Children's Tours and Experience Tours

For children and adults, there are twelve kilometre-long cycle tours around Zollverein. There is also a range of tours designed specifically for children. “Kohlenstaub auf heißen Sohlen” (“coal dust on hot floors’) gives children between the ages of six and twelve the chance to discover more about the coking plant. “Familienschicht” (“family shift”) is designed for children as young as four, accompanied by their families.

All together, there is a large number of tours available, covering subjects such as the coking plant, the mine and the area in general. Ex-miners show people around the plant, telling stories about the pit and offering visitors a glass of wine or beer. And Zollverein is the mine that never sleeps: Strolling around the site at full

Open-Air-Kino auf dem Ehrenhof vor Schacht XII.

Open air cinema at Ehrenhof in front of Shaft XII.

großer Beliebtheit. Dazu gibt es Angebote zum Thema Kunst, Architektur und Design.

Kino

Im Sommer wandeln sich Wiese und Platz vor dem 55 Meter hohen Doppelbockfördergerüst, Symbol für das gesamte Zollverein-Areal und Mittelpunkt der imposanten Anlage, zum Open-Air-Kino. In dieser Umgebung Filme zu sehen, ist ein in Erinnerung bleibendes Erlebnis. Unvergessen ist der Abend, an dem Fritz Langs Stummfilm „Metropolis“ in der rekonstruierten Originalfassung gezeigt wurde – begleitet von der Staatsphilharmonie Rheinland-Pfalz. Eine kostenlose Führung über das Gelände des Welterbes ist vor Filmbeginn möglich.

moon is a very special experience and the “night light” tours are also extremely popular. There are also tours on the subjects of art, architecture and design.

Cinema

In the summer, the lawn and forecourt of the 55-metre-high twin pithead gear, symbol of entire Zollverein area and hub of the imposing plant, are transformed into an open air cinema. To see a film in this setting is an unforgettable experience. Particularly memorable was the evening on which Fritz Lang’s silent film “Metropolis” was shown in the reconstructed original version – accompanied by the Rhineland-Palatinate State Philharmonic orchestra. A free tour of the site is available before the film starts.

Das Sonnenrad dreht sich seit der Internationalen Bauausstellung 1999 über der Koksofenbatterie 9.

The sun wheel (above oven battery 9) first came into operation in 1999 - in time for the International Building Exhibition

Sonnenrad

Das Sonnenrad, installiert 1999, ist in die Ofenbatterie 9 eingelassen. Insgesamt gibt es zehn Ofenbatterien, die sich über 600 Meter parallel zum Wasserbecken erstrecken. Von oben ermöglicht das Sonnenrad einen herrlichen Blick über das Ruhrgebiet. Wenn es wieder abwärts geht, hinein in die Unterwelt, dann können die Mitfahrenden in den 14 Gondeln einen Blick in das Innere der Koksöfen sowie in die Bereiche der Unterfeuerung werfen. Das Sonnenrad ist eine seilunterspannte, nabenlose Konstruktion mit einem Durchmesser von 37 Metern.

Sun Wheel

The Sun Wheel ("Sonnenrad"), installed in 1999, is built into oven battery 9. All together there are 10 oven batteries, stretching over 600 metres parallel to the pond. From high up, the Sun Wheel gives fantastic views of the Ruhr region. On the way back down, visitors in the 14 gondolas get a glimpse inside the coke ovens and the underfiring areas below. The Sun Wheel is a cable-trussed, hubless construction with a diameter of 37 metres.

contemporary art ruhr C.A.R.

Die innovative Kunstmesse „contemporary art ruhr" ist als Kooperationsprojekt mit der Stiftung Zollverein aufgenommen worden in das offizielle Programm von

contemporary art ruhr C.A.R.

The innovative art fair known as 'contemporary art ruhr' has been included in the official RUHR.2010 European Capital of Culture programme as a cooperation pro-

Vom Kunstquadrat zur gefragten Kunstmesse. Die "contemporary art ruhr" präsentiert Künstler und Galerien auf Zollverein.

From a fledgling exhibition to a renowned art fair – 'contemporary art ruhr' presents artists and galeries at Zollverein.

RUHR.2010 zur Kulturhauptstadt. 2004 startete die Messe, initiiert von den Essenern Silvia Sonnenschmidt und Thomas Volkmann der galerie/agentur 162, unter dem Namen „Kunst-Quadrate". Denn jeder ausstellende Künstler bekam ein Quadrat als Ausstellungsfläche. Dies minimalistische, vereinheitlichende und demokratische Prinzip gilt weiterhin: Projekte, Institutionen, Galerien und Künstler, die Förderflächen erhalten, finden gleiche Bedingungen vor, erhalten eine Ausstellungsfläche und eine Stellwand. Dort können sie sich dann nach Belieben präsentieren. Außerdem können sich Besucher bei den open photo days in Shootings und Workshops ausprobieren.

ject of the Zollverein Foundation. The fair – the brainchild of Essen residents Silvia Sonnenschmidt and Thomas Volkmann of galerie/agentur 162 – was launched in 2004 as 'Kunst-Quadrate', a scheme whereby each exhibiting artist was assigned a single square in which to present their work. This minimalist, unifying and democratic principle still holds. Projects, institutions, galleries and artists are subject to the same conditions when allocated a promotional space: one exhibition surface and one moveable wall to embellish as they choose. Visitors are also invited to take part in photo shoots and workshops on 'open photo days'.

Junges Theater probt für die Triennale an der Ruhr vor dem Sonnenrad der Kokerei.

Members of "Junges Theater" rehearsing for the Triennale an der Ruhr in front of the coking plant sun wheel.

Das Zechenfest 2009 *The Colliery Festival 2009*

(C) KOKEREI COKING PLANT

- (70) **Infopunkt Kokerei**
  Kokerei Café & Restaurant
  Denkmalpfad Kokerei
  [Mischanlage]
- (72) **Sonnenrad** saisonal
  Solarkraftwerk
- (74) **Eisbahn** saisonal
  [Druckmaschinengleis]
- (75) **Werksschwimmbad** saisonal
- (84) [Leitstand]
- (87) [Salzverladung]
- (88) **The Palace of Projects von Ilya und Emilia Kabakov**
  [Salzlager]

(B) SCHACHT 1/2/8

- (43) **Kunstschacht Zollverein**
  [Maschinenhalle]
- (44) **Denkmalpfad Zollverein**
  [Fördermaschinenhaus]
- (45) **PACT Zollverein**
  Performing Arts Choreographisches Zentrum NRW
  Tanzlandschaft Ruhr
  [Waschkaue]
- (48) [Hauptmagazin]

WELTERBE ZOLLVEREIN
WORLD HERITAGE ZOLLVEREIN

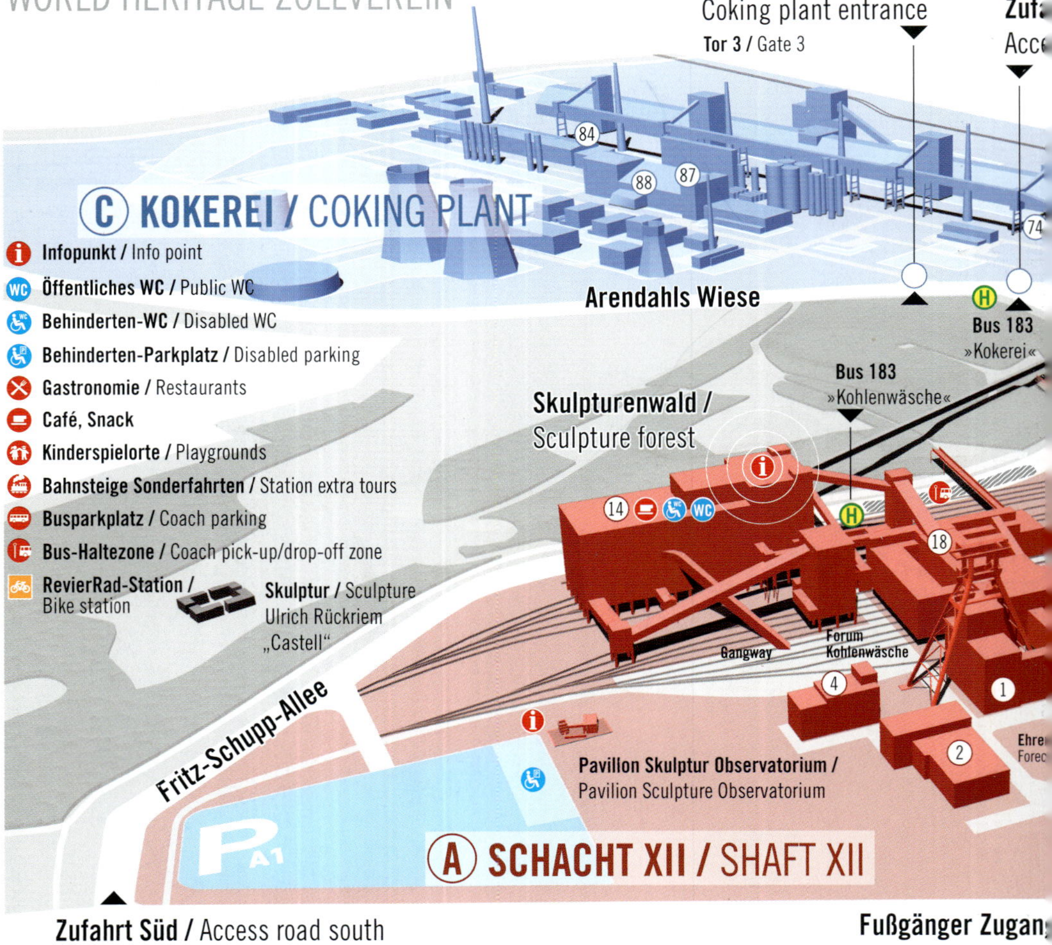

Straßenbahn 107/Bus 183 / Tram 107/bus 183
»Zollverein Süd«

Essen Hbf. ← **Richtung** → Gelsenkirchen/Katernberg
Essen main station ← **towards** → Gelsenkirchen/Katernberg